# Chinesisch kochen

Christiane Korn

# Chinesisch kochen

## mit dem Wok
## und Mongolentopf

Überarbeitete und neugestaltete Auflage

FALKEN

Die FALKEN Kochbuchredaktion empfiehlt Ihnen auch das Buch:
„Schlemmerreise durch die chinesische Küche" (Nr. 4184)

CIP-Titelaufnahme der Deutschen Bibliothek

**Korn, Christiane:**
Chinesisch kochen: mit d. Wok u. Mongolentopf /
Christiane Korn. – Überarb. u. neugestaltete Aufl. –
Niedernhausen/Ts.: Falken-Verl., 1988
(Falken-Bücherei)
ISBN 3-8068-0557-1

ISBN 3 8068 0557 1


Umschlaggestaltung: Zembsch' Werkstatt, München
Titelbild: TLC-Foto-Studio GmbH, Bocholt
Fotos: TLC-Foto-Studio GmbH, Bocholt

Gesamtherstellung: Neuwieder Verlagsgesellschaft mbH, Neuwied

161 514 131 211 10

# Inhalt

**Abkürzungen:**

| | | |
|---|---|---|
| EL | – | Eßlöffel |
| TL | – | Teelöffel |
| P. | – | Packung |
| gr. | – | groß |
| kl. | – | klein |
| gestr. | – | gestrichen |

Wenn nichts anderes angegeben, gelten die Rezepte für 4 Personen.

# Vorbemerkung zum Kochen mit dem Wok

Die chinesische Küche ist ohne den Wok nicht denkbar. In ihm kann gebraten, geschmort, in Fett ausgebacken und sogar gedämpft werden.
Da auch bei uns asiatische Gerichte immer beliebter werden, hat bereits in manchem europäischen Haushalt ein Wok seinen Platz gefunden.
Jetzt gibt es ihn auch in einer, unserer modernen Küche entsprechenden Form und Ausstattung. Da bei uns das übliche offene Feuer der chinesischen Küche fehlt, ist er unseren Kochstellen für Gas und Strom angepaßt. So gibt es für das Kochen mit dem Wok einen speziellen Untersatz, den man für Gas- und Elektroherd benutzen muß, damit die Eisenpfanne beim Kochen nicht rotglühend wird und Herd, Pfanne und Essen nicht mehr zu gebrauchen sind.
Ebenfalls ist man in der Innenausstattung auf die modernen Ansprüche eingegangen und hat ihn mit Silver-Stone, einer erstklassigen Antihaft-Oberfläche mit außerordentlicher Haltbarkeit, ausgestattet.
Wenn Sie Ihren Wok genau nach Vorschrift benutzen, d.h. kochen und auch säubern, werden Sie bestimmt viel Freude daran haben. Wichtig ist es auch, immer daran zu denken, die heißen Töpfe nur auf einer Asbestplatte abzustellen.
In Ihrem Wok werden die Speisen sehr schnell und bei großer Hitze gegart, wobei dennoch die Vitamine erhalten bleiben.
Wichtig beim Kochen mit dem Wok ist, daß man die Zutaten fix und fertig zubereitet neben der Kochstelle stehen hat.
Die meisten Gerichte werden nur Minuten gegart, geschmort usw., so daß keine Zeit bleibt, während des Kochens eventuell noch Vorbereitungen zu erledigen. Dieser sehr schnelle Kochvorgang hat nicht nur den wichtigen Vorteil, daß die Vitamine und auch die Farben der Gemüse erhalten bleiben, sondern er ist auch, was in unserer Zeit eine große Rolle spielt, sehr energiesparend.
Hoffentlich regen die folgenden Rezepte Sie an, sofort ans Werk zu gehen. Die verwendeten Zutaten bekommen Sie fast überall.
Sie können in diesem modernen Wok natürlich auch nur »einfach« backen, braten usw.; wie bisher z.B. Schnitzel, Bratkartoffeln, Rösti, Eierspeisen (Crêpes, Omelette, Rührei) usw. Aber das typische an der asiatischen Küche ist, daß meist nur kleingeschnittene Zutaten verwendet werden. Für diese Art des Kochens sind auch Mongolentopf und Cataplana, die portugiesische Variante des Woks, geeignet.

# Chinesisches Fondue

(Mongolentopf)

**Zutaten:**

*Für die Hühnerbrühe:*

*1 Huhn, 2–3 Karotten, 2 Stangen Porree (Lauch), 1 kl. Sellerieknolle, 1 mit Nelken gespickte Zwiebel, 2 Lorbeerblätter, 6 Pfefferkörner, Salz.*

**Zubereitung:**

Das ausgenommene Huhn mit dem geputzten, gewaschenen und in Würfel geschnittenen Gemüse und den Gewürzen in 2–3 l kaltem Wasser in einem großen Topf auf die Kochstelle geben und etwa 2 Stunden bei niedriger Temperatur kochen lassen.

Das Huhn, die Gemüseteile und die Gewürze aus der Brühe nehmen, die Brühe noch durch ein Sieb laufen lassen und diese für das chinesische Fondue nehmen.

Man kann natürlich auch die 2–3 Liter Hühnerbrühe, die man für das chinesische Fondue benötigt, mit Instant-Hühnerbrühe herstellen.

**Weitere Zutaten:**

Für 1 Person 200–250 g in feine Scheiben geschnittenes Fleisch. Das Fleisch läßt man am besten beim Metzger schon in Scheiben schneiden. Es empfiehlt sich, Rindfleisch (Roastbeef), Schweinefleisch, Kalb- und je nach Geschmack Lammfleisch zu kochen.

Man kann auch Innereien mit Fleisch kombinieren, z. B. Kalbs- und Geflügelleber.

Dazu stellt man in entsprechend große Teile zerlegtes frisches Gemüse, wie z. B. Blumenkohlröschen, Champignons oder eingeweichte chinesische Pilze.

Sowohl Fleisch als auch Gemüse werden in die Siebchen gelegt und dann in die siedende Brühe gehalten, bis es gar ist.

Ebenfalls eignet sich frischer Fisch zum Garen im Mongolentopf, oder auch Krabben, Scampi usw.

Die Zutaten sollten auf großen Platten oder Brettern appetitlich angerichtet sein. Dazu werden verschiedene Soßen gereicht.

Jeder Gast gart sein Fleisch in der siedenden Brühe und würzt es erst nach dem Garen auf seinem eigenen Teller.

Wenn man das Fleisch oder auch die anderen Zutaten vor dem Garen würzen würde, wäre die Brühe, die als Abschluß nach dem eigentlichen Fondue jedem Gast in einer kleinen Suppentasse gereicht wird, versalzen.

*Chinesisches Fondue (Rezept Seite 8)*

*Chinesisches Fondue (mit Siebchen; Rezept Seite 8)*

## Variante zum chinesischen Fondue im Mongolentopf

Sie können Ihren Gästen auch eine andere Variante in dem Mongolentopf bieten, indem Sie verschiedene Dinge in den Mongolentopf einlegen, vorsichtig am Rande die Brühe dazugeben, damit die Anordnung nicht zerstört wird, und dann die Brühe einmal aufkochen lassen, den Topf zudekken und alles etwa 10 Minuten kochen lassen.

Sie bringen dann den zugedeckten Topf auf den gedeckten Tisch, öffnen ihn erst vor den Augen der Gäste, und jeder Gast fischt sich aus dem Topf mit seinem Siebchen oder einer Fonduegabel das heraus, was er essen möchte.

Wenn der Topf geleert ist, wird die Brühe in kleinen Suppentassen als Abschluß der Mahlzeit gereicht.

Als Einlage in den Topf bieten sich folgende Dinge besonders an:

getrocknete chinesische Pilze, die vorher 30 Minuten in warmem Wasser eingeweicht gewesen sein müssen,
Chinakohl (in Stücke geschnitten und vorher 1 Minute blanchiert),
Staudensellerie (geputzt und in Stücke geschnitten),
frische Spinatblätter,
Bambussprossen,

oder aber Sie nehmen unsere einheimischen Gemüse, die sich dazu genausogut eignen. Beim Anordnen der zu kochenden Zutaten sollte man auch darauf achten, daß sich dem Auge beim Öffnen ein erfreulicher Anblick bietet.

Sie können z.B. Rosenkohl, Blumenkohlröschen, frischen Spinat, Porree, Karotten, Champignons usw. kombinieren, oder Sie kombinieren das Gemüse mit Fleischstücken, Fischstücken, Krabben, Scampis und anderem.

# Gemüsegerichte

## Gebratene Auberginen

**Zutaten:**

*3 Auberginen, 2 Zwiebeln, 2 Knoblauchzehen, 3 EL Pflanzenöl, Peperonipulver, Senfpulver, Curry, 1 Lorbeerblatt, Safran, Essig, 1 Prise Zucker, 100 g tiefgefrorene Krabben.*

**Zubereitung:**

Die Auberginen waschen und in gulaschgroße Würfel schneiden.
Die Zwiebeln und die Knoblauchzehen schälen und fein hacken.
Das Öl im Wok erhitzen und die Auberginenwürfel mit Zwiebeln und Knoblauch darin braten.
Jetzt die Gewürze und die tiefgefrorenen Krabben dazugeben und unter gelegentlichem Rühren mit einem Holzlöffel das Gemüse etwa 15 Minuten dünsten lassen.

## Gefüllte Auberginen

**Zutaten:**

*500 g Schweinefleisch, Salz, Pfeffer, 1 EL Sojasoße, 3 EL feingehackte Zwiebeln, 3 TL feingehackte Knoblauchzehen, 1 Dose Sojakeimlinge, 2 Eier, 4 Auberginen, 1–1 1/2 Tassen Wasser.*

**Zubereitung:**

Das Hackfleisch mit Salz, Pfeffer, der Sojasoße, den Zwiebeln sowie dem Knoblauch, den Sojakeimlingen und den Eiern gut vermischen.
Die Auberginen gut waschen und die beiden Enden abschneiden.
Die Früchte aushöhlen und mit der Fleischmasse füllen.
Im Wok mit dem Wasser etwa 30 Minuten bei geringer Temperatur zugedeckt dünsten lassen.

## Chinagemüse mit Shrimps

**Zutaten:**

*2 P. Chinagemüse (Tiefkühlkost), 200 g Shrimps, Saft von 1/2 Zitrone, 2 Eiweiß, 6 EL Stärkemehl, etwa 1/8 l Pflanzenöl, 1 TL Curry, 1 Prise Sambal, 1 Prise Cayennepfeffer.*

**Zubereitung:**

Das Chinagemüse genau nach Vorschrift auf der Packung zubereiten.
Inzwischen die Shrimps mit dem Zitronensaft marinieren.
Die Eiweiß sehr steif schlagen, dann mit dem Stärkemehl verrühren, so daß eine dickflüssige Masse entsteht.
Das Öl im Wok erhitzen und den Curry in das heiße Öl einrühren. Die marinierten und abgetropften Shrimps in der Eiweißmasse wenden und in dem heißen Curryöl portionsweise von beiden Seiten goldbraun braten. (Die Shrimps können auch zusammenkleben.)
Das Chinagemüse mit dem Sambal und Cayennepfeffer abschmecken und zusammen mit den gebratenen Shrimps anrichten.

## Fadenbohnen mit Wasserkastanien

**Zutaten:**

*500 g frische Fadenbohnen, 2 EL Pflanzenöl, 1 1/2 TL Salz, 1 TL Zucker, 10 in Scheiben geschnittene Wasserkastanien, 1/4 Tasse Hühnerbrühe (Instant), 1 TL Stärkemehl.*

**Zubereitung:**

Die Bohnen waschen, putzen und in etwa 5 cm lange Stücke schneiden.
Das Öl in den Wok geben und darin erhitzen.
Die Fadenbohnenstücke in das heiße Öl geben und unter häufigem Rühren braten.
Das Salz, den Zucker und die in Scheiben geschnittenen Wasserkastanien dazugeben. Ein paarmal umrühren und dann die Hühnerbrühe dazugeben.
Den Wok zudecken und bei mäßiger Hitze alles etwa 3 Minuten braten lassen. Die Bohnen sollen gar, aber noch knackig sein.

Das Stärkemehl mit 1 Eßlöffel Hühnerbrühe verrühren und mit dieser Mischung das Gemüse im Topf binden, d. h. unter Rühren das Gemüse weiterbraten, bis es mit einer dünnen durchsichtigen Glasur überzogen ist.

## Gemüsetopf mit Hühnerfleisch

**Zutaten:**

*100 g frische grüne Bohnen, 1 kl. Weiß- oder Chinakohl, 4 Zwiebeln, 1 Blumenkohl, 400 g Rosenkohl, 4 Karotten, 100 g Kokosflocken, 3 EL Pflanzenöl, 3/4 l Hühnerbrühe, 2 TL Sambal, 2 Lorbeerblätter, Salz, 1 Tasse gekochtes, kleingeschnittenes Hühnerfleisch.*

**Zubereitung:**

Die Bohnen waschen, putzen und in Stücke brechen.
Den Kohl waschen, putzen und in feine Streifen schneiden.
Die Zwiebeln schälen und in Ringe schneiden.
Den Blumenkohl in kleine Röschen zerteilen und waschen, desgleichen auch den geputzten Rosenkohl.
Die gewaschenen und geschabten Karotten würfeln.
Das Öl in dem Wok erhitzen und das kleingeschnittene Gemüse darin dünsten. Die Kokosflocken dazugeben.
Das gedünstete Gemüse mit der Hühnerbrühe auffüllen, die Gewürze dazugeben und alles weich kochen lassen.
5 Minuten bevor das Gericht serviert werden soll, die Lorbeerblätter aus dem Wok nehmen, das Hühnerfleisch dazugeben und heiß werden lassen und das Ganze noch einmal abschmecken.

## Gefüllte chinesische Pilze

**Zutaten:**

*8 gr. chinesische Pilze, 250 g geschälte Krabben, 250 g Schweinehackfleisch, 1 gehackter Stengel Sellerie, Salz, Pfeffer, 3 EL Pflanzenöl, 3 EL Sojasoße, 3/4 Tasse Wasser.*

**Zubereitung:**

Die Pilze 1 Stunde in Wasser einweichen und dann in einem Sieb gut abtropfen lassen. Die Stiele mit einem scharfen Messer abschneiden.
Die Krabben säubern und mit einer Gabel zerdrücken.
Das zerdrückte Krabbenfleisch mit dem Hackfleisch, dem Sellerie sowie mit Salz und Pfeffer gut vermischen.
Diese Fleisch-Krabben-Mischung in die Pilze füllen.
Das Öl im Wok erhitzen und die gefüllten Pilze in dem heißen Öl kurz anbraten.
Die Sojasoße und das Wasser zu den angebratenen Pilzen geben und die Pilze etwa 20 Minuten bei geringer Hitze gar schmoren lassen.

## Pikanter Porree (Lauch)

**Zutaten:**

*500 g Porree (Lauch), 2 EL Zucker, 2 EL heller Essig, 1 EL Sojasoße, 1 TL Salz, 1/4 TL Cayennepfeffer, 1 EL Pflanzenöl.*

**Zubereitung:**

Den Porree waschen und putzen, d.h. den grünen Teil des Porrees bis auf etwa 3 cm abschneiden. Die Porreestangen in etwa 3 cm lange Stücke schneiden.
Den Zucker, Essig, die Sojasoße sowie Salz und Pfeffer in einer kleinen Schüssel gut mischen.
Das Öl im Wok bei hoher Temperatur erhitzen und dann die Temperatur zurückschalten.
Die Porreestücke in das heiße Öl geben und unter ständigem Rühren 2–3 Minuten braten lassen.
Man muß darauf achten, daß die Porreestücke mit Öl überzogen sind. Die Pfanne von der Kochstelle nehmen und die Gewürzmischung darunterrühren.
Den Porree auf eine Platte geben und entweder warm oder kalt servieren.

# Nudelgerichte

## Gebratene Nudeln mit Fleisch

**Zutaten:**

*300 g Nudeln, 4 Eier, 4 EL Weißwein, Muskat, Knoblauchsalz, 2 1/2 EL Margarine, 300 g Schweinebauch, Sojasoße, 2 1/2 EL Öl, 250 g gemischtes Hackfleisch, 5 Zwiebeln, 2 grüne und 2 rote Paprikaschoten, Selleriesalz, Ingwer, 3 Knoblauchzehen.*

**Zubereitung:**

Die Nudeln in reichlich Salzwasser bißfest kochen, dann auf ein Sieb geben und gut abtropfen lassen.

Die Eier mit dem Weißwein, dem Muskat und Knoblauchsalz gut verquirlen, die Margarine im Wok erhitzen und aus den gequirlten Eiern Rührei zubereiten.

Das Rührei aus der Pfanne nehmen und in Streifen schneiden, wenn es erkaltet ist.

Den Schweinebauch ebenfalls in Streifen schneiden, etwas Sojasoße über die Fleischstreifen geben und kurze Zeit ziehen lassen.

Das Öl im Wok erhitzen und das Schweinefleisch darin halbgar braten.

Die geschälten und gewürfelten Zwiebeln sowie die geputzten und in Streifen geschnittenen Paprikaschoten zu dem Schweinebauch geben.

Das Hackfleisch auch in dem Wok mit den anderen Zutaten braten.

Mit Selleriesalz und Ingwer würzen.

Die Knoblauchzehen schälen, fein hacken und in die Pfanne geben. Zuletzt die gekochten Nudeln hinzufügen, gut vermischen und warm werden lassen.

Das fertige Gericht mit den Rühreistreifen garnieren.

## Gebratene Nudeln mit Gemüse und Fleisch

**Zutaten:**

*150 g Chinakohl, 150 g Bambussprossen, 4 in heißem Wasser vorgeweichte chinesische Pilze, 250 g in Streifen geschnittenes Schweinefleisch, Salz, 3 EL Öl, 2 TL Sherry, 2 EL Sojasoße, 150 g geschälte Garnelen, 1 EL Mehl, 250 g gekochte Nudeln, 1/2 TL Sesamöl.*

**Zubereitung:**

Den Kohl putzen und in Streifen schneiden.
Die Bambussprossen und Pilze ebenfalls in Streifen schneiden.
Das Schweinefleisch salzen.
Das Öl im Wok erhitzen und das gesalzene Schweinefleisch in dem heißen Öl anbraten, dann an den Rand schieben und auf der freien Fläche den Kohl, die Bambussprossen und Pilze etwa 4 Minuten braten.
Den Wok vom Herd nehmen.
Den Sherry, die Sojasoße, die Garnelen und das Mehl gut mischen und die Mischung 3 Minuten in 1/2 Teelöffel Öl braten.
Jetzt den Wok mit dem Fleisch und Gemüse wieder auf die Kochplatte stellen, die gebratene Garnelenmischung dazugeben und alles gut vermischt etwa 11/2 Minuten braten lassen.
Etwas Öl in einer Pfanne erhitzen und die gekochten Nudeln darin braten, dann salzen und das Sesamöl dazugeben. Umrühren und alles etwa 5 Minuten bei niedriger Temperatur braten lassen.
Zuletzt die gebratenen Nudeln mit den übrigen Zutaten vermischen und alles zusammen noch etwa 2 Minuten durchkochen lassen.

# Reisgerichte

## Chinesisch gekochter Reis

**Zutaten:**

*1 Tasse weißer Langkornreis, 1/2 l kaltes Wasser.*

**Zubereitung:**

Den Reis in einen großen Topf geben und mit kaltem Wasser bedecken. Den Reis kräftig umrühren und dann das Wasser wieder abgießen.
1/2 Liter frisches, kaltes Wasser dazugeben und bei hoher Temperatur aufkochen lassen.
2–3 Minuten kochen lassen, bis kraterförmige Löcher auf der Oberfläche des Reises erscheinen.
Den Topf fest verschließen und den Reis bei niedriger Temperatur 20 Minuten kochen lassen.
Dann abschalten, aber den Deckel noch nicht herunternehmen.
Der gekochte Reis muß 10 Minuten ruhen.
Den Deckel abnehmen, den Reis mit einer großen Gabel lockern, in eine Schüssel geben und sofort servieren.

## Gebratener Reis mit Ente und Chinakohl

**Zutaten:**

*6 EL Pflanzenöl, 200 g gewürfelter Chinakohl, 1 Tasse gewürfeltes, gekochtes Entenfleisch, 4 eingeweichte und feingeschnittene große chinesische Pilze, 2 EL Sojasoße, 1 EL Sherry, 3 1/2 Tassen kalter gekochter Reis, 1/2 Tasse Hühnerbrühe, Salz, Pfeffer.*

**Zubereitung:**

2 Eßlöffel Öl in dem Wok erhitzen, den Chinakohl in das heiße Öl geben und unter ständigem Rühren 3 Minuten schmoren lassen.

*Gedämpfter Schinkenreis (Rezept Seite 17)*

*Hähnchenschnitzel mit Brokkoli, Karotten und Chinakohl (Rezept Seite 27)*

Nun das Entenfleisch, die Pilze, Sojasoße und den Sherry dazugeben, alles gut vermischen und etwa 3 Minuten bei niedriger Temperatur dünsten lassen, in eine Schüssel geben und warm halten.
Jetzt die restlichen 4 Eßlöffel Öl in dem Wok erhitzen und unter ständigem Rühren den Reis in dem Öl braten.
Die Hühnerbrühe dazugeben und alles mit Salz und Pfeffer abschmecken.
Zuletzt das Fleisch mit dem Reis und Gemüse vermischen und noch etwa 2 Minuten im Wok bei niedriger Temperatur ziehen lassen.

## Hammelreis

**Zutaten:**

*1 gestr. TL Koriander, 1/2 TL Chilipfeffer, 1 gestr. TL Kümmel, 1/2 TL Safran, 1 gestr. TL gemahlener Ingwer, 1 feingehackte Knoblauchzehe, 2 gestr. TL Salz, 1 kg in Würfel geschnittenes Hammelfleisch, 1/4 l Essig, 4 EL Pflanzenöl, etwa 1/4 l Wasser, 500 g Langkornreis.*

**Zubereitung:**

Die Gewürze gut vermischen und die Fleischwürfel darin wälzen.
Die gewürzten Fleischwürfel mit dem Essig übergießen und etwa 1–2 Stunden in dem Essig stehenlassen.
Das Öl im Wok erhitzen und die Fleischwürfel darin gut anbraten. Wenn die Würfel von allen Seiten angebraten sind, gießt man heißes Wasser dazu und läßt sie langsam bei niedriger Temperatur gar schmoren.
Dazu reicht man körnig gekochten Langkornreis.
Wenn man möchte, kann man unter den gekochten Reis noch etwa 150 g in Butter gedünstete Rosinen mischen.

## Gedämpfter Schinkenreis

**Zutaten:**

*200 g Reis, 3 EL Salz, 100 g roher Schinken, 1 Bund Frühlingszwiebeln, 1 rote Paprikaschote, 3 EL Erdnußöl, 100 g grüne Erbsen (TK-Produkt), 1 Bund Schnittlauch, 4 EL Austernsauce.*

### Zubereitung:

Den Reis zuerst in Salzwasser 5 Minuten kochen und anschließend abgießen. In der Zwischenzeit den Schinken würfeln. Die Frühlingszwiebeln und die Paprikaschote putzen, waschen und ebenfalls in kleine Würfel schneiden. Das Erdnußöl in einer Pfanne erhitzen und den Schinken und das Gemüse darin kurz anschwitzen. Das Gemüse, die Erbsen und den Reis miteinander vermischen und in feuerfeste Förmchen geben.
Mit soviel leicht gesalzenem heißen Wasser angießen, daß der Reis knapp bedeckt ist. Die Schälchen müssen groß genug sein, da sich die Reismenge etwa noch verdoppelt. Die Schälchen in einen Dampfkorb bzw. Topf stellen und etwa 1 Stunde darin garen.
Mit dem frisch geschnittenen Schnittlauch bestreuen, mit je 1 Eßlöffel Austernsauce überziehen und sofort servieren.

## Gebratener Reis mit Schinken und Eiern

### Zutaten:

*1/2 Tasse Erbsen (frisch oder aus der Dose), 100 g gekochter Schinken, 1 Frühlingszwiebel mit grünen Spitzen, 3 EL Pflanzenöl, 2 Eier, 3 Tassen chinesisch gekochter Reis (siehe gesondertes Rezept), 1 TL Salz.*

### Zubereitung:

Wenn man frische Erbsen nimmt, die Erbsen in 4 Tassen kochendem Wasser 5–10 Minuten kochen lassen, bis sie weich sind. Dann abgießen und mit kaltem Wasser abschrecken.
Den Schinken in kleine Würfel schneiden.
Die Frühlingszwiebel fein hacken.
In dem Wok 1 Eßlöffel Öl erhitzen. Den Wok schwenken, so daß das Öl gleichmäßig verteilt ist, und mit der Temperatur heruntergehen.
Die gut verquirlten Eier in die Pfanne geben. Die fest gewordene Eischicht mit dem Holzschaber vorsichtig vom Pfannenboden lösen, so daß das restliche, noch flüssige Ei auch stocken kann. Die Eier dürfen nicht zu fest und braun werden.
Die fertigen Eier in eine Schüssel geben und beiseite stellen.
Das restliche Öl in dem Wok erhitzen. Den Reis in das heiße Öl geben und unter ständigem Rühren etwa 3 Minuten braten, bis alle Reiskörner mit Öl überzogen sind.

Nun das Salz, den Schinken und die Erbsen dazugeben und unter Rühren kurz braten lassen.
Zuletzt die zerpflückten, gebratenen Eier und die gehackte Frühlingszwiebel untermischen und alles so lange braten lassen, bis die Eier wieder warm sind.

## Schweinefleisch mit Reis und Krabben

**Zutaten:**

*150 g in Streifen geschnittenes Schweinefleisch, 6 EL Pflanzenöl, 150 g gekochte Krabben, 150 g Erbsen (aus der Dose), 70 g Champignons (halbiert oder in Scheiben), 4 Eier, 2 1/2 Tassen gekochter kalter Reis, 1 TL Sojasoße, 1/2 Tasse Hühnerbrühe, 1 EL Sherry, Salz, Pfeffer.*

**Zubereitung:**

1 Eßlöffel Öl im Wok erhitzen und das Schweinefleisch etwa 2 Minuten darin braten.
Die Krabben in einer anderen Pfanne ebenfalls in 1 Eßlöffel heißem Öl anbraten, dann zu dem Schweinefleisch geben.
Die Erbsen und Champignons dazugeben, alles gut vermischen und etwa 2 Minuten braten lassen. Dann in einen Topf geben und warm stellen.
Die Eier gut verquirlen, in den heißen Wok geben und bei nicht zu hoher Temperatur stocken lassen, dann in Würfel schneiden.
Die Eierwürfel aus dem Wok nehmen und in einer Schüssel beiseite stellen.
4 Eßlöffel Öl im Wok erhitzen und den kalten Reis unter ständigem Rühren darin braten.
Die Sojasoße und Hühnerbrühe hinzufügen, mit dem Sherry wie auch mit Salz und Pfeffer würzen.
Zuletzt das Schweinefleisch, die Krabben, Erbsen und die Eierwürfel zu dem Reis geben, alles gut vermischen und bei nicht zu hoher Temperatur kurz ziehen lassen.

# Eiergerichte

## Balinesische Eier

**Zutaten:**

*6 hartgekochte Eier, 1/2 Tasse Pflanzenöl, 1 gehackte Zwiebel, 1/2 gehackte Knoblauchzehe, 1 TL Krabbenpaste, 1 TL Ingwerpulver, 1 EL Sojasoße, 1 Tasse Wasser, 1 EL Zucker, 1 EL Zitronensaft, Salz.*

**Zubereitung:**

Die Eier schälen.
Das Öl im Wok erhitzen und die geschälten Eier im heißen Öl goldbraun braten.
Die gebratenen Eier herausnehmen und das Öl bis auf etwa 1 Eßlöffel ebenfalls herausnehmen.
Im restlichen heißen Öl die Zwiebel und den Knoblauch 2 Minuten braten.
Die Eier und die restlichen Zutaten wieder in den Wok geben und bei niedriger Temperatur 20 Minuten dünsten lassen.
Die Eier herausnehmen, halbieren, mit der Soße aus der Pfanne übergießen und sofort servieren.

## Eier in Sojasoße

**Zutaten:**

*10 Eier, 8 EL Sojasoße, 3 EL Pflanzenöl, 2 getrocknete Chilischoten.*

**Zubereitung:**

Die Eier in kochendem Wasser 5 Minuten kochen lassen.
Danach mit kaltem Wasser gut abschrecken und abpellen.
Die Sojasoße mit dem Öl und den zerriebenen Chilischoten in den Wok geben und unter ständigem Rühren erhitzen.
Dann die geschälten Eier in diese Soße geben und schmoren lassen. Die Eier müssen ständig gewendet werden, bis sie eine gleichmäßig braune Farbe haben.

Die fertigen Eier herausnehmen, abkühlen lassen und dann halbieren. Die halbierten Eier auf einer Platte anrichten und die restliche Soße aus dem Wok entweder nur auf das Eigelb oder über die ganzen Eihälften gießen.

## Eierpfannkuchen mit Hummerkrabben

**Zutaten:**

*1/2 Tasse Sojabohnensprossen (aus der Dose), 4 mittelgroße Champignons, 250 g Hummerkrabbenfleisch, 1/4 Tasse Pflanzenöl, 3 Eier, 3/4 Tasse Instant-Hühnerbrühe, 1 EL Sojasoße, etwas Salz, 1 EL Stärkemehl.*

**Zubereitung:**

Die Sojabohnensprossen aus der Dose nehmen und in einer Schüssel mit kaltem Wasser 2 Stunden in den Kühlschrank stellen, damit sie wieder knackig werden.
Dann abgießen und mit Küchenkrepp trockentupfen.
Das Hummerkrabbenfleisch in Würfel schneiden.
Das Öl im Wok erhitzen und die Krabbenstücke im heißen Öl unter ständigem Rühren braten, bis sie fest und hellrosa sind. Die gebratenen Stücke aus dem Wok auf eine Platte geben.
Die Eier in einer Schüssel gut verquirlen und dann die Krabbenstücke, die Sojabohnensprossen und die in Würfel geschnittenen Champignons dazugeben.
Den von der Kochstelle genommenen Wok wieder zurückstellen und das darin gebliebene Öl wieder erhitzen.
Ungefähr 1/4 Tasse der Eiermischung in das heiße Öl geben und ohne Rühren etwa 1 Minute hellbraun backen.
Den Pfannkuchen wenden und auf der anderen Seite ebenso etwa 1 Minute hellbraun backen.
Den fertigen Pfannkuchen auf eine feuerfeste Platte legen und warm stellen.
Noch weitere Pfannkuchen (etwa 5) aus der Eiermischung auf dieselbe Art und Weise backen.
Vor jedem Backen etwa 1 Eßlöffel Öl im Wok erhitzen, dann die Eiermischung hineingeben und zu einem Pfannkuchen backen.

Die fertigen Pfannkuchen übereinanderschichten.
Für die Soße zu den Pfannkuchen wird die Brühe in einem Topf inzwischen zum Kochen gebracht.
Dann gibt man die Sojasoße, das Salz und das in 1 Eßlöffel Wasser aufgelöste Stärkemehl dazu.
Die Temperatur herunterschalten und alles bei niedriger Temperatur so lange kochen lassen, bis die Soße gebunden ist.
Die Soße über die Pfannkuchen gießen und servieren.

## Eierröllchen

**Zutaten:**

*1 Tasse gesiebtes Mehl, 2 geschlagene Eier, 1 TL Salz, 3 Tassen Öl, 2 kleingeschnittene Bohnenkuchen, 1 gehackte Zwiebel, 1 gehackte Knoblauchzehe, 1/2 Tasse kleingeschnittenes Schweinefleisch, 1/2 Tasse gekochte und geschälte Krabben, 2 EL Sojasoße, Salz, Pfeffer, 1 Tasse Bohnensprossen, 1 Tasse in Streifen geschnittener Kohl, 1/2 Tasse Bambussprossen.*

**Zubereitung:**

Aus dem Mehl, den Eiern, 1 Tasse Wasser und dem Salz einen Teig herstellen und daraus dünne Pfannkuchen backen.
In 1/2 Tasse erhitztem Öl die Bohnenkuchen hellbraun braten und abtropfen lassen. Das heiße Öl bis auf 1 Eßlöffel weggießen und darin die Zwiebel und Knoblauchzehe 2 Minuten rösten.
Das Schweinefleisch, die Krabben und die übrigen Zutaten bis auf das restliche Öl dazugeben und 15 Minuten kochen.
Abkühlen lassen und auf jeden Pfannkuchen 2 Eßlöffel dieser Mischung geben. Die Pfannkuchen länglich zusammenfalten und das Ende mit Salzwasser befeuchten und festkleben.
Die Röllchen im verbliebenen Öl im Wok braten, bis sie goldbraun sind. Auf Küchenkrepp abtropfen lassen.

# Geflügelgerichte

## Brathuhn auf javanische Art

**Zutaten:**

*1 Brathuhn, 3 EL Zitronensaft, Salz, 1 Tasse Pflanzenöl, 1 gehackte Zwiebel, 1 1/2 gehackte Knoblauchzehen, 1 TL roter Pfeffer, 2 EL brauner Zucker, 2 EL Essig, 5 ganze Pfefferkörner, 2 1/2 Tassen Wasser.*

**Zubereitung:**

Das ausgenommene Huhn waschen, abtrocknen und in Stücke zerlegen. Diese mit Zitronensaft und Salz einreiben.
Inzwischen das Öl im Wok erhitzen und die vorbereiteten Hühnerteile darin bräunen.
Die gebräunten Fleischstücke aus der Pfanne nehmen und dann in dem restlichen Öl die gehackte Zwiebel und den Knoblauch bräunen.
Nun wieder die Hühnerteile in die Pfanne geben und mit den übrigen Zutaten zugedeckt bei niedriger Temperatur dünsten, bis das Fleisch zart ist.

## Curryhuhn

**Zutaten:**

*1 Brathuhn, 1 1/2 Zwiebeln, 2 Knoblauchzehen, 2 EL Pflanzenöl, 2 EL Curry, 1 EL Koriander, 1 EL Kümmel, Salz, 3 Tassen Kokosmilch.*

**Zubereitung:**

Das Huhn waschen, mit Küchenkrepp abtrocknen und mit einer Geflügelschere und einem scharfen Messer in Stücke schneiden.
Die Zwiebeln und die Knoblauchzehen schälen und fein hacken.
Das Öl im Wok erhitzen und die Zwiebeln und den Knoblauch darin bräunen.
Das Hühnerfleisch, die Gewürze und die Kokosmilch ebenfalls in den Wok geben und bei schwacher Hitze zugedeckt den Pfanneninhalt etwa 40 Minuten dünsten lassen.

## Gefülltes Huhn

**Zutaten:**

*1 Brathuhn, 3 chinesische Pilze, 200 g Schweinehackfleisch, 1 kl. Zwiebel, 1 Knoblauchzehe, 200 g gekochter Schinken, 1/2 Tasse geröstete Zwiebelstücke, 2 Eier, 2 EL gehackter Stangensellerie, 1 EL Sojasoße, Salz, Pfeffer, 1 EL Stärkemehl, Sojasoße, Sherry.*

**Zubereitung:**

Das Huhn innen und außen gut waschen und abtropfen lassen bzw. mit Küchenkrepp abtrocknen.
Die Pilze 1 Stunde in Wasser einweichen und anschließend in Scheiben schneiden.
Das Schweinehackfleisch mit der geschälten und feingehackten Zwiebel und der Knoblauchzehe, dem kleingeschnittenen Schinken, den gerösteten Zwiebelstückchen, den Eiern, dem Sellerie, der Sojasoße sowie Salz und Pfeffer gut vermischen.
Diese Füllung in das Huhn geben und die Öffnungen mit Garn zunähen.
Das Huhn in den Wok legen und mit kochendem Wasser bedecken. Den Deckel auf den Wok legen und das Huhn 1 1/2 Stunden bei schwacher Hitze kochen lassen.
Das Huhn in dieser Zeit 2- bis 3mal wenden.
Zuletzt die Brühe mit dem mit etwas Brühe angerührten Stärkemehl binden, dann mit Sojasoße und Sherry je nach Geschmack abschmecken.
Das Huhn in eine Schüssel legen, mit der Soße übergießen und sofort servieren.
Dazu körnig gekochten Langkornreis reichen.

## Hähnchen in pikanter Soße

**Zutaten:**

*1 Hähnchen (etwa 1200 g), 6–7 EL Sojasoße, 3 Scheiben Ingwer, 4 Frühlingszwiebeln, 2 EL Weißwein, 3–4 EL Zucker.*

**Zubereitung:**

Das ausgenommene, bratfertige Hähnchen waschen, abtrocknen und etwa 5 Minuten in kochendem Wasser kochen.

Das Hähnchen abtrocknen und das Kochwasser weggießen.
Die Sojasoße im Wok erhitzen, das Hähnchen in die heiße Soße legen, ab und zu umdrehen und öfter mit der Soße begießen.
Nun die Ingwerscheiben, die geputzten und feingehackten Frühlingszwiebeln, den Wein und den Zucker in den Wok geben.
Den Deckel auf den Wok legen und das Hähnchen bei niedriger Temperatur etwa 30 Minuten kochen lassen, das Hähnchen alle 10 Minuten umdrehen.
Das gare Hähnchen in Stücke zerteilen und mit dem Bratensaft übergossen heiß servieren.
Dazu serviert man am besten körnig gekochten Langkornreis.

## Gebratene Hühnerbrust mit Pfefferschoten

**Zutaten:**

*600 g Hühnerbrüste, 2 EL Sojasoße, 6 TL Stärkemehl, 4 TL trockener Sherry, 1 Tasse Pflanzenöl, 4 rote Pfefferschoten (frisch oder getrocknet), 2 EL Sojasoße, 1/2 TL Glutamat, 4 TL Zucker, 1 TL Sesamöl, 2 TL Worcestersoße.*

**Zubereitung:**

Die Hühnerbrüste in mundgerechte Stücke schneiden.
Die Sojasoße mit 2 Teelöffeln Sherry, 4 Teelöffeln Stärkemehl und 6 Eßlöffeln Wasser zu einer Soße verrühren und über die Fleischstücke gießen.
Das Fleisch etwa 20 Minuten in dieser Marinade ziehen lassen.
Das Öl im Wok erhitzen.
Inzwischen die Pfefferschoten putzen, entkernen und in kleine Stücke schneiden.
Diese Stücke bei mittlerer Hitze in dem heißen Öl etwa 1/2 Minute anbraten.
Das Hühnerfleisch in der Soße noch einmal wenden und dann zu den Pfefferschoten in den Wok geben. Unter häufigem Wenden etwa 10 Minuten braten.
Inzwischen den restlichen Sherry, die Sojasoße, das Glutamat sowie den Zucker, das Sesamöl und die Worcestersoße mit 3 Eßlöffeln Wasser und der restlichen Stärke vermischen.

Diese Soße zu dem gebräunten Hühnerfleisch in den Wok geben. Alles einmal aufkochen lassen.
Wenn die Mischung in der Pfanne andickt, auf eine Platte geben und sofort servieren.

## Hühnerbrust mit Ananas

**Zutaten:**

*1 1/2 Hühnerbrüste, 1 EL Stärkemehl, Salz, Pfeffer, 2 EL Pflanzenöl, 1 TL Ingwerpulver, 1/2 TL Curry, 2 Tassen Ananasstücke, 1 1/2 EL Sojasoße, 1 TL Stärkemehl, 1 TL Ananassaft.*

**Zubereitung:**

Die Hühnerbrüste in kleine Stücke schneiden und in einer Mischung aus dem Stärkemehl, Salz und Pfeffer wenden.
Das Öl im Wok erhitzen und die panierten Fleischstückchen in dem heißen Öl etwa 5 Minuten fast gar braten.
Das Ingwer- und Currypulver mit den Ananasstücken in die Pfanne geben und alles etwa 5 Minuten ziehen lassen.
Nun die Sojasoße und 1 Tasse Wasser dazugießen.
Das Stärkemehl in dem Ananassaft auflösen und in die Pfanne geben.
Gut umrühren und den Pfanneninhalt noch 5 Minuten dünsten lassen.

## Hühnerbrust mit Mandeln

**Zutaten:**

*1 1/2 Hühnerbrüste, 2 EL Pflanzenöl, 1 feingehackte Zwiebel, 4 gehackte Knoblauchzehen, 1 Tasse grob gehackte, geschälte süße Mandeln, 1 Tasse in Scheiben geschnittene Champignons oder andere Pilze, 3 EL Sojasoße, 1 Tasse Instant-Fleischbrühe, 1 EL Mehl.*

**Zubereitung:**

Die Hühnerbrüste in kleine Scheiben schneiden.
Das Öl im Wok erhitzen und die feingehackte Zwiebel und Knoblauchzehen in dem heißen Öl bräunen.

Nun die geschnittenen Hühnerbrüste, die Mandeln, Pilze, Sojasoße und Brühe in die Pfanne geben.
Alles bei niedriger Temperatur 20 Minuten im Wok dünsten lassen.
Das Mehl mit etwas Wasser anrühren und zuletzt in den Pfanneninhalt geben, unterrühren und alles noch einmal kurz aufkochen lassen, dann wieder bei niedriger Temperatur noch 5 Minuten dünsten lassen.

## Hähnchenschnitzel mit Brokkoli, Karotten und Chinakohl

**Zutaten:**

*250 g Hähnchenschnitzel, 200 g Brokkoli geputzt, 200 g Karotten geputzt, 1 kl. Chinakohl, 1 EL Öl, 1 TL Soja, 1 TL Sherry, 1 TL Stärkemehl, Salz, Zucker, Kräuterpfeffer.*

**Zubereitung:**

Hähnchenfleisch kleinschneiden. Brokkoli in Röschen und Stiele in Stifte schneiden, Karotten in Stifte und Chinakohl halbieren und quer schneiden.
Das Öl im Wok erhitzen, Fleisch hineingeben und 2 Minuten pfannenrühren. Zum Rand rühren und Karotten dazugeben und zwar so, daß der Pfannenboden abgedeckt ist, dann Brokkoli und Chinakohl zum Schluß.
Würzen mit Salz, Zucker, Kräuterpfeffer, Soja und Sherry. Das Stärkemehl mit wenig Wasser auflösen, hinzufügen, die Hitze abstellen und noch 1 Minute dünsten.

# Krabbenhühnerbrust

**Zutaten:**

*500 g geschälte Krabben, Salz, Pfeffer, 3 Hühnerbrüste, etwas Stärkemehl, 2 EL Pflanzenöl, 1 Zwiebel, 2 EL Sojasoße, 1 Tasse Instant-Hühnerbrühe, Sherry zum Abschmecken.*

**Zubereitung:**

Die geschälten Krabben säubern, mit der Gabel zerdrücken, dann salzen und pfeffern.

Die Hühnerbrüste in Scheiben schneiden und jede Scheibe mit dieser Krabbenpaste bestreichen, zusammenrollen und die Enden mit dem dick angerührten Stärkemehl zukleben, eventuell mit einem Zahnstocher zustecken.

Das Öl im Wok erhitzen und die Hühnerrollen in dem heißen Öl bei großer Hitze 5 Minuten braten.

Jetzt die feingehackte Zwiebel dazugeben und alles unter ständigem Rühren 1 weitere Minute braten lassen.

Die Sojasoße und die Hühnerbrühe in die Pfanne geben und alles bei nicht zu hoher Temperatur noch 10 Minuten ziehen lassen.

Die Bratensoße mit etwas Sherry vor dem Servieren abschmecken.

# Rindfleischgerichte

## Rindfleisch in Buttersoße

**Zutaten:**

*500 g Rindfleisch, 1 TL Zimt, Salz, Pfeffer, 1/2 Tasse Paniermehl, 1/2 Tasse flüssige Butter, 1 1/2 gehackte Zwiebeln, 2 EL Sojasoße.*

**Zubereitung:**

Das Fleisch waschen, abtrocknen und in Scheiben schneiden.
Den Zimt mit Salz und Pfeffer mischen und das Fleisch darin wenden.
Jede Fleischscheibe mit dem Paniermehl bestreuen und in der heißen Butter im Wok hellbraun braten.
Die Zwiebeln dazugeben und 2 Minuten rühren.
2 Tassen Wasser und die Sojasoße hineingießen und etwa 25 Minuten ziehen lassen, bis das Fleisch gar ist.

## Rindfleisch in dunkler Soße

**Zutaten:**

*500 g Rindfleisch, 1 1/2 gehackte Zwiebeln, 1/2 Tasse flüssige Butter, Salz, Pfeffer, 1 EL Sojasoße, 1 EL Essig, 4 Gewürznelken, 1 EL Mehl.*

**Zubereitung:**

Das Fleisch waschen, abtrocknen und würfeln.
Die Zwiebeln in der heißen Butter im Wok bräunen und nun das Fleisch, Salz, den Pfeffer sowie die Sojasoße, den Essig, 2 Tassen Wasser und die Gewürznelken hinzufügen. 30 Minuten bei schwacher Hitze dünsten, bis das Fleisch zart ist.
3 Minuten vor dem Servieren das Mehl dazugeben und alles gut umrühren, bis der Pfanneninhalt andickt.

## Rindfleisch mit Chinakohl

**Zutaten:**

*250 g Rinderfilet, 1 TL Stärkemehl, 1 TL Sojasoße, 1/2 Eiweiß, 5 EL Pflanzenöl, 500 g Chinakohl, etwas Sesamöl, 1 EL Sojasoße, etwas Pfeffer.*

**Zubereitung:**

Schneiden Sie das Rindfleisch in mundgerechte Stücke.
Das Stärkemehl über das Fleisch streuen, dann die Sojasoße und das Eiweiß darübergeben. Alles gut vermischen.
2 Eßlöffel Öl im Wok erhitzen und den gewaschenen und kleingeschnittenen Chinakohl dann dünsten, noch etwas Salz dazugeben.
Das gedünstete Gemüse aus der Pfanne nehmen und in einer Schüssel beiseite stellen.
Das restliche Öl in dem Wok erhitzen und das Rindfleisch in das heiße Öl geben, etwas Sesamöl darüberspritzen.
Wenn das Fleisch beim Braten seine Farbe ändert, muß man das Gemüse wieder dazugeben.
Zuletzt noch die Sojasoße und etwas Pfeffer hinzufügen und das Gericht sehr gut durchrühren.
Dazu serviert man am besten körnig gekochten Langkornreis.

**Tip:**

Anstelle von Rindfleisch kann man jede andere Art von Fleisch, aber auch Leber oder Leber und Fleisch kombiniert nehmen.

## Rindfleisch mit Pfefferschoten

**Zutaten:**

*750 g geschnetzeltes Rindfleisch, Salz, Pfeffer, 1/2 Tasse Tamarindensaft, 1 Tasse Öl, 2 gehackte Zwiebeln, 1 Tasse zerkleinerte Bambussprossen, 1 Tasse kleingeschnittene rote Pfefferschoten, 1 TL Krabbenpaste, 2 EL Essig.*

**Zubereitung:**

Das Fleisch mit Salz und Pfeffer bestreuen und etwa 20 Minuten bei schwacher Hitze im Wok in dem Tamarindensaft dünsten, bis es gar ist.
Das Öl hinzufügen, das Fleisch hellbraun braten und herausnehmen.
Die Zwiebeln, Bambussprossen und Pfefferschoten in den Wok geben.
Die Krabbenpaste in dem Essig auflösen und hinzufügen.
2 Minuten rühren, das Rindfleisch dazugeben und 1 weitere Minute rühren.

## Rindfleisch mit Sojabohnen

**Zutaten:**

*2 EL Öl, 1 gehackte Zwiebel, 500 g geschnetzeltes Rindfleisch, 2 EL fermentierte Sojabohnenpaste, Salz, 2 Tassen Kokosmilch, 2 zerdrückte grüne Pfefferkörner, 2 Stengel gehackter Sellerie.*

**Zubereitung:**

Das Öl im Wok erhitzen und die Zwiebel darin bräunen.
Das Fleisch, die Paste, Salz und die Kokosmilch hinzufügen und bei schwacher Hitze 20 Minuten dünsten, bis das Fleisch gar ist.
2 Minuten vor dem Servieren die Pfefferkörner und den Sellerie dazugeben.

## Mariniertes Rindfleisch mit Blumenkohl

**Zutaten:**

*500 g Rindfleisch, 4 EL Sojasoße, 1 EL Sherry, 1 EL Stärkemehl, Salz, 1 kleiner Blumenkohl, Salzwasser, 4 EL Öl.*

**Zubereitung:**

Das Fleisch in dünne Streifen schneiden.
2 Eßlöffel Sojasoße und den Sherry mit dem Stärkemehl und etwas Salz gut vermischen und das Fleisch 30 Minuten in dieser Marinade ziehen lassen.
In der Zwischenzeit den Blumenkohl in Röschen teilen und 15 Minuten in Salzwasser kochen. Abtropfen lassen.

2 Eßlöffel Öl im Wok erhitzen und die Blumenkohlröschen 1 Minute darin braten. 2 Eßlöffel Sojasoße hinzufügen und 2 Minuten schmoren lassen. Herausnehmen.
Das restliche Öl erhitzen und die Fleischmischung darin etwa 3 Minuten braten.
Den Blumenkohl dazugeben und 1 Tasse Wasser darübergießen. Weitere 4 Minuten schmoren lassen und mit Salz würzen.

## Rindfleischeintopf

**Zutaten:**

*3 EL Öl, 500 g Rindfleisch (Gulasch), 2 Zucchini, 1 Blumenkohl, (etwa 10 Minuten in Salzwasser gekocht), 500 g Tomaten, 500 g Karotten, etwas Fleischbrühe, 2 EL Stärkemehl, Pfeffer, Salz, Paprika.*

**Zubereitung:**

Das Öl im Wok erhitzen, die Fleischwürfel in das heiße Öl geben und von allen Seiten kräftig anbraten lassen.
Die Zucchini inzwischen halbieren, die Kerne herausschaben und die Zucchinihälften in etwa 4 cm lange Stücke schneiden.
Den Blumenkohl in Röschen zerlegen.
Die Tomaten waschen und vierteln.
Die Karotten ebenfalls waschen, eventuell schaben und in mundgerechte Stücke schneiden.
Das geschnittene Gemüse zu dem Fleisch geben und ebenfalls gut anbraten lassen. Dann die Fleischbrühe dazugießen und alles so lange schmoren lassen, bis Fleisch und Gemüse gar sind.
Den Eintopf mit 2 Eßlöffeln mit Wasser angerührtem Stärkemehl andicken und dann mit Pfeffer, Salz und Paprika abschmecken.

*Rumpsteak mit Zwiebeln (kurz braten; Rezept Seite 34)*

*Schweinefilet mit Sellerie (braten; Rezept Seite 36)*

# Rumpsteak mit Glasnudeln

**Zutaten:**

*60 g Glasnudeln, 500 g Rumpsteak, 4 EL Sojasoße, 2 TL Stärkemehl, 1 TL Zucker, 1 l Erdnußöl, 2 grüne Paprikaschoten, 2 TL in feine Streifen geschnittene frische Ingwerwurzel, 1/2 TL Cayennepfeffer.*

**Zubereitung:**

Die Nudeln mit einem scharfen Messer in 10 cm große Stücke schneiden. Das Rumpsteak mit einem scharfen Messer vom Fett befreien. Vor dem Schnetzeln das Fleisch 30 Minuten ins Tiefkühlfach legen, damit man es besser schneiden kann.

Das kalte Fleisch auf einem Küchenbrett in möglichst dünne Scheiben schneiden. Diese Scheiben noch einmal in etwa 4 cm lange und 1/2 cm breite Stücke schneiden.

Die Sojasoße mit dem Stärkemehl und dem Zucker in einer kleinen Schüssel verrühren.

Das geschnetzelte Fleisch dazugeben und so lange rühren, bis das Fleisch mit der Mischung überzogen ist.

1/2 l Öl im Wok erhitzen. Die Hälfte der Glasnudeln etwa 1 Sekunde schwimmend ausbacken. Wenn sich die Nudeln aufblähen, mit einem Schaumlöffel herausnehmen und auf Küchenkrepp legen.

Anschließend die andere Hälfte der Nudeln fritieren.

Das Öl aus dem Wok gießen, diesen erneut auf die Kochstelle stellen und 1 Eßlöffel Öl darin erhitzen. Wenn das Öl zu rauchen beginnt, die Temperatur herunterschalten.

Die grünen Paprikaschoten waschen, entkernen und in feine Streifen schneiden. Diese Streifen in das heiße Öl geben und so lange braten, bis sie eine dunklere Farbe angenommen haben.

Die Paprikastreifen herausnehmen und auf eine Platte legen.

2 Eßlöffel Öl in den Wok geben und erhitzen.

Die Ingwerwurzeln hineingeben und etwa 2 Sekunden anbraten, dann das geschnetzelte Fleisch hinzufügen, mit Cayennepfeffer bestäuben, etwa 2 Minuten unter Rühren braten, bis das Rindfleisch hellbraun ist.

Jetzt noch einmal die grünen Paprikaschoten in den Wok geben und unter ständigem Rühren mit dem Fleisch erhitzen.

Das Rindfleisch auf eine vorgewärmte Platte geben und die Glasnudeln herumlegen.

## Rumpsteak mit Zwiebeln

**Zutaten:**

*pro Person 1 Rumpsteak (gut abgehangen), 3 EL Öl, Pfeffer, Salz, Zwiebeln (die Menge richtet sich nach dem Geschmack), 1 Stange Lauch, 1 Staudensellerie, je 1 rote und grüne Paprikaschote, 200 g getrocknete chinesische Pilze.*

**Zubereitung:**

Die Pilze 2 Stunden einweichen, mit kochendheißem Wasser überbrühen und in Streifen schneiden.
Das Rumpsteak in das im Wok erhitzte Öl geben und von jeder Seite etwa 4–6 Minuten (je nach Dicke) braten.
Nach dem Wenden die gebratene Seite pfeffern und salzen.
Die Zwiebeln schälen und in große Stücke oder Ringe schneiden, den Lauch und Sellerie putzen, in Streifen schneiden und blanchieren. Die Paprikaschoten in kleine Dreiecke schneiden.
Alles in der Pfanne mit dem Fleisch braten.

**Tip:**
Wenn die Fettkante am Fleisch sehr dick und lang ist, mit einem scharfen Messer mehrmals einschneiden, damit sich das Fleisch beim Braten nicht wölbt.

## Gulasch mit Zwiebeln

**Zutaten:**

*500 g gemischtes Gulasch (vom Rind und Schwein), 2 gr. Zwiebeln, 2 gr. Karotten, 2 Knoblauchzehen, 1 Bd. Frühlingszwiebeln mit grünen Spitzen (in Stücke geschnitten), 3–4 EL Pflanzenöl, Pfeffer und Salz, 1 EL Sojasoße, 1 TL Sambal oelek.*

**Zubereitung:**

Das Öl im Wok erhitzen und dann die geschälten und in große Stücke geschnittenen Zwiebeln und Frühlingszwiebeln von allen Seiten anbraten.
Das Fleisch dazugeben und gut von allen Seiten anbraten.
Die geputzten und in Scheiben geschnittenen Karotten und die feingehackten Knoblauchzehen dazugeben.
Mit der Temperatur etwas heruntergehen und das Fleisch unter öfterem Umrühren gar braten. Pfeffern und salzen und mit Sojasoße und Sambal oelek abschmecken.

# Schweinefleischgerichte

## Schweinefleisch mit Lauch

**Zutaten:**

*3 Stangen Lauch, 500 g Schweinefleisch, 1 Ei, 1 EL Mehl, 2 EL Öl, 1/2 l Hühnerbrühe, 1 EL Zucker, 2 EL Sojasoße.*

**Zubereitung:**

Den Lauch in 2 cm lange Stücke schneiden, gründlich waschen und abtropfen lassen.
Das Schweinefleisch in Streifen schneiden und diese mit dem geschlagenen Ei und dem Mehl mischen. 5 Minuten bei großer Hitze anbraten und dabei umrühren.
Den Lauch in Öl anbraten und anschließend zusammen mit der Hühnerbrühe zu dem Fleisch geben. 3 Minuten dämpfen, mit dem Zucker und der Sojasoße abschmecken und nochmals 2 Minuten aufkochen lassen.

## Schweinefleisch mit Paprika

**Zutaten:**

*400 g durchwachsenes Schweinefleisch, 500 g Paprikaschoten, 1 Stange Lauch, 1 Knoblauchzehe, 2 EL Öl, 1 Tasse Sojasoße, 1 Prise Zucker, Salz, Pfeffer, 1 Tasse Brühe, 1 EL Maisstärke, 3 EL Wasser.*

**Zubereitung:**

Das Schweinefleisch in Stücke, das Gemüse in Streifen schneiden und die Knoblauchzehe zerdrücken.
Das Öl im Wok erhitzen, den Knoblauch anbräunen und das Schweinefleisch 3 Minuten rühren.
Das Gemüse und sämtliche Gewürze mit dem Fleisch noch einmal 3 Minuten rühren, die Brühe dazugießen, aufkochen und 4 Minuten ziehen lassen.
Mit Maisstärke abbinden und sofort servieren.
Der Chinese liebt das Gemüse immer knackig und nie ganz weichgekocht.

## Schweinefilet mit Sellerie

**Zutaten:**

*500 g Schweinefilet, 4 EL Sojasoße, 2 EL Sherry, 1 EL Stärkemehl, 6 EL Öl, 250 g roher Sellerie, Salz.*

**Zubereitung:**

Das Fleisch in Scheiben schneiden.
2 Eßlöffel Sojasoße, 1 Eßlöffel Sherry und das Stärkemehl gut mischen und das Fleisch in dieser Marinade wenden.
2 Eßlöffel Öl im Wok erhitzen und den in Scheiben geschnittenen Sellerie 2 Minuten darin braten. Herausnehmen und warmstellen.
Das restliche Öl erhitzen und das Fleisch 2 Minuten darin anbraten. Herausnehmen und warmstellen.
2 Eßlöffel Sojasoße, 1 Eßlöffel Sherry, 1 Tasse Wasser und Salz in den Wok geben und verrühren. Das Fleisch und den Sellerie hinzufügen und 5 Minuten garen.

## Schweinesteaks in Sahnesoße

**Zutaten:**

*4 Schweinesteaks, 30 g Margarine, Pfeffer und Salz, 1 Tasse Instant-Fleischbrühe, 1–2 Becher Schlagsahne bzw. Crème fraîche.*

**Zubereitung:**

Das Fett in der Pfanne erhitzen und die Schweinesteaks in dem heißen Fett bei nicht zu hoher Temperatur von jeder Seite etwa 5 Minuten braten. Nach dem Wenden pfeffern und salzen.
Wenn die Steaks von jeder Seite gebraten sind, den Bratenfond mit der Brühe loskochen.
Dann die Sahne in die Pfanne geben und die Soße noch etwa 5 Minuten kochen lassen, noch einmal abschmecken.
Je nach Geschmack mit der Sahne etliche Backpflaumen in die Pfanne geben und in der Soße warm werden lassen.
Die fertigen Steaks in der Sahnesoße in der Pfanne auf den Tisch bringen. Dazu kann man Teigwaren und frische grüne Bohnen reichen.

## Schweinefleisch mit süß-saurer Soße

**Zutaten:**

*375 g Schweinefleisch, 1 EL Sojasoße, 1 EL Weißwein, 1 Ei, Salz und Pfeffer, Stärkemehl, 3 EL Öl;*

*Zutaten für die Soße:*
*2 EL Wasser, 2 EL Tomatenketchup, 2 EL Essig, 1/2 TL Stärkemehl, etwas Zucker.*

**Zubereitung des Fleisches:**

Das Schweinefleisch in Streifen schneiden.
Die Sojasoße, den Wein, das Ei sowie Salz und Pfeffer über die Fleischstreifen geben und alles gut mischen.
Zuletzt etwas Stärkemehl unter das Fleisch rühren.
Das Öl im Wok erhitzen und die marinierten Fleischstreifen in dem heißen Öl zweimal hintereinander braten, so daß sie sehr knusprig sind.
Inzwischen das Wasser, Ketchup und den Essig in einem Topf zum Kochen bringen.
Nun das mit etwas Wasser angerührte Stärkemehl und den Zucker (je nach Geschmack zwischen 1/2 und 1 Eßlöffel Zucker) in die Soße rühren und warten, bis sie andickt.
Die fertige Soße von der Kochstelle nehmen und über das gebratene Fleisch gießen.

## Schweineschnitzel mit Pilzen

**Zutaten:**

*4 Schweineschnitzel, Salz, Pfeffer, Muskat, Zimt, 1 Tasse zerlassene Butter, 1–1 1/2 Tassen Wasser, 1 1/2 TL Stärkemehl, 2 Tassen gehackte Pilze, 1 EL Sojasoße.*

**Zubereitung:**

Die Schweineschnitzel waschen, abtrocknen und mit Salz, Pfeffer, Muskat und Zimt bestreuen. 1 Stunde ziehen lassen.
Anschließend im Wok in der Butter bräunen, das Wasser hinzufügen und zum Kochen bringen. Bei geringer Hitze etwa 10 Minuten dünsten.
Das in Wasser aufgelöste Stärkemehl und die Pilze dazugeben und mit der Sojasoße würzen.

## Mariniertes Schweinefilet mit Ei

**Zutaten:**

*500 g Schweinefilet, 4 EL Sojasoße, 2 EL Sherry, 2 TL Stärkemehl, 200 g Pilze, 3 EL Öl, 6 Eier, Salz.*

**Zubereitung:**

Das Fleisch in Scheibchen schneiden.
Die Sojasoße, den Sherry und das Stärkemehl vermischen und das Fleisch 15 Minuten in der Marinade ziehen lassen.
Die Pilze durchschneiden und mit dem Fleisch in heißem Öl 3 Minuten im Wok braten.
Die Eier verquirlen und vorsichtig darunterheben.
Mit Salz abschmecken und servieren, sobald die Eier gestockt sind.

## Honigschinken

**Zutaten:**

*500 g roher Schinken am Stück, 4 EL Sherry, 4 EL Honig, 2 TL Stärkemehl.*

**Zubereitung:**

Den Schinken mit dem Sherry und dem Honig bei niedriger Temperatur unter ständigem Rühren etwa 30 Minuten im Wok schmoren.
Dabei den Schinken öfter mit der Flüssigkeit begießen.
Den fertigen Schinken aus dem Wok herausnehmen und in feine Scheiben schneiden.
Die Soße im Wok mit dem mit etwas Wasser angerührten Stärkemehl binden und über die Schinkenscheiben gießen.

## Chinagericht »süß-sauer«

**Zutaten:**

*2 P. Chinagericht »süß-sauer« (Tiefkühlkost), 400 g Schweineschnitzelfleisch, 1 kl. Dose Bambusschößlinge, 2 Scheiben Ananas (aus der Dose), 3 EL Öl, Salz, Cayennepfeffer, Chinagewürz, 3–4 EL Sojasoße, 2 EL Sherry, etwas Wasser.*

**Zubereitung:**

Das Chinagericht nach Vorschrift auf der Packung zubereiten.
Inzwischen das Schweinefleisch in feine Streifen schneiden.
Die Bambusschößlinge in kleine dünne Scheiben und die Ananas in Stücke teilen.
Das Öl im Wok erhitzen, die Fleischstreifen in das heiße Öl geben und kräftig bräunen lassen.
Die Bambusscheiben dazugeben und bei niedriger Temperatur etwa 10 Minuten weiterbraten lassen.
Die Gewürze, Sojasoße, den Sherry, etwas Wasser und die Ananasstücke dazugeben und noch 5 Minuten schmoren lassen.
Alles zum Chinagericht geben und gut vermischen.

## Nudeltaschen mit Fleischfüllung

**Zutaten für den Teig:**

*240 g Weizenmehl, 150 $cm^3$ und 3 EL Wasser;*

**Zutaten für die Füllung:**

*375 g Schweinehackfleisch, 375 g Chinakohl, 1 kl. Zwiebel, 1 TL gehackte Ingwerwurzel, 2 EL Sojasoße, 1 TL Salz, 2 EL Schmalz oder Pflanzenöl;*

*Petersilie zum Garnieren.*

**Zubereitung:**

Das Mehl in eine Schüssel sieben, heißes Wasser dazugeben und Mehl und Wasser gut verkneten.

Die Schüssel mit einem feuchten sauberen Küchenhandtuch zudecken und den Teig zugedeckt etwa 30 Minuten stehenlassen.
Inzwischen das Hackfleisch in eine andere Schüssel legen.
Den Chinakohl waschen, putzen und in Streifen schneiden, die Kohlstreifen zu dem Hackfleisch geben. Die Zwiebel schälen und feingehackt auch zu dem Hackfleisch hinzufügen.
Die Gewürze sowie Schmalz oder Öl ebenfalls in die Schüssel geben. Alle Zutaten gut vermischen.
Aus dem Teig Rollen von 21/2 cm Dicke rollen, in etwa 20 Scheiben schneiden und diese Scheiben einzeln zu ganz dünnen Teigplatten ausrollen.

Die Fleischmischung gleichmäßig auf den Teigplatten verteilen und diese dann nach Belieben zusammenrollen oder falten.
Die Taschen nebeneinander auf einen Teller setzen, den Einsatz nach Vorschrift in den Wok legen und dann auf den Einsatz den Teller mit den Teigtaschen stellen.
Über kochendem Wasser etwa 20 Minuten zugedeckt garen lassen, eventuell verkochtes Wasser durch *kochendes* Wasser ersetzen.
Die fertigen Taschen mit frischer Petersilie garnieren und sofort servieren.

## Teigtaschen

**Zutaten:**

*1 P. Hefe, 1 EL Zucker, 1/4 Tasse lauwarmes Wasser, 1/4 l lauwarme Milch, 400 g gesiebtes Weizenmehl.*

**Zubereitung:**

Die Hefe mit dem Zucker und dem lauwarmen Wasser verrühren, bis sich alles gut aufgelöst hat. (Wichtig: Das Wasser darf nur lauwarm sein!)
Die Tasse 5 Minuten an einen warmen, zugfreien Ort stellen, bis die Mischung den doppelten Umfang angenommen hat.
Das Mehl in eine große Schüssel geben und so an den Rand schieben, daß ein freier Platz in der Mitte des Schüsselbodens entsteht. Auf diese Stelle die gegangene Hefemischung geben.
Das Mehl und die lauwarme Milch mit einem Holzlöffel langsam zu dieser Mischung rühren.
Wenn die Mischung zum Rühren zu fest wird, mit den Händen den Teig gut durchkneten.

Den Teig aus der Schüssel nehmen und auf einer bemehlten Unterlage ungefähr 5 Minuten kräftig kneten. Ab und zu etwas Mehl dazugeben, damit der Teig nicht an der Unterlage kleben bleibt.
Den Teig wieder in die Schüssel geben, mit einem sauberen Küchentuch zudecken und an einem warmen Ort etwa 1 Stunde gehen lassen.
Den Teig noch einmal mit der Faust auf seinen ursprünglichen Umfang zusammendrücken und dann nochmal 30 Minuten gehen lassen, bis er sich wieder verdoppelt hat.
Den Teig aus der Schüssel nehmen und zu den verschiedenen Teigtaschen verarbeiten.
Der Teig wird entweder zu runden oder eckigen Teigstücken ausgerollt, in die dann die entsprechende Füllung gegeben wird.

## Teigtaschen mit Fleischfüllung

**Zutaten:**

*1 Rezept Teigtaschen;*

**für die Füllung:**

*2 EL Pflanzenöl, 500 g feingehackter Schweinebraten (gebraten), 1 TL Zucker, 2 EL Sojasoße, 2 EL Stärkemehl, 3 EL kaltes Wasser.*

**Zubereitung:**

Teigtaschen herstellen.
Das Öl im Wok erhitzen und das feingehackte Schweinefleisch unter ständigem Rühren braten, etwa 1 Minute, dann den Zucker und die Sojasoße unter Rühren zu dem Fleisch geben.
Das Stärkemehl mit dem Wasser anrühren und unter ständigem Rühren in die Pfanne geben. Den Pfanneninhalt etwa 10 Sekunden kochen lassen, bis er andickt.
Die Pfanne von der Kochstelle nehmen, das Fleisch herausnehmen und abkühlen lassen.
2 Eßlöffel von der abgekühlten Fleischmasse auf die Mitte der Teigplatte setzen und die Teigtasche entweder mit Zahnstochern zusammenstecken oder, wenn man eine runde Teigplatte gewählt hat, am besten den Teig oben etwas zusammendrehen.

Die fertigen Taschen nicht zu dicht beisammen auf den Teller setzen, auf dem sie gedämpft werden sollen, und dann noch etwa 30 Minuten gehen lassen.
Das Wasser im Wok zum Kochen bringen, den Einsatz in den Wok geben und auf den Einsatz den Teller mit den Teigtaschen stellen.
Der Teller muß kleiner als der Wok sein, damit der Wasserdampf nach oben steigen kann.
Den Deckel auf den Wok geben und die Teigtaschen etwa 10 Minuten dämpfen. Immer kochendes Wasser bereithalten, damit man den Verlust beim Dämpfen ergänzen kann.

## Frühlingsrolle

**Zutaten:**

*200 g mageres Schweinefleisch, 3 TL Mehl, 1 1/2 EL Sojasoße, 150 g Krabbenfleisch, Salz, 225 g Chinakohl, Öl, 1/2 Tasse Fleischbrühe, 1 Zwiebel, 1 TL Wasser, 10 Teigblätter »Frühlingsrollen« (tiefgefroren, im Spezialgeschäft).*

**Zubereitung:**

Das Schweinefleisch durch den Fleischwolf drehen. 1 Teelöffel Mehl und 1/2 Eßlöffel Sojasoße daruntermischen.
Das Krabbenfleisch in die restliche Sojasoße einlegen, dann zerkleinern und mit Salz und 1 Teelöffel Mehl gut vermischen.
Den gewaschenen und geputzten Kohl in etwa 4 cm lange dünne Streifen schneiden.
4 Eßlöffel Öl im Wok erhitzen und das Schweinefleisch etwa 2 Minuten darin anbraten.
Das Fleisch herausnehmen und im selben Öl das Krabbenfleisch erhitzen.
Auch das wieder herausnehmen und zuletzt den Kohl im Wok andünsten.
Etwas Salz und die Fleischbrühe zum Kohl geben.
Das Fleisch, die Krabben und die kleingeschnittene Zwiebel hinzufügen.
Je 1 Teelöffel Mehl und Wasser gut verrühren und alles damit binden.
Die Masse in eine Schüssel füllen.
Auf die aufgetauten Blätter je 2 Löffel Füllung geben. Den Teig einschlagen und aufrollen.
Die Rollen etwa 4 Minuten in heißem Öl im Wok ausbacken, bis sie goldbraun sind.

# Gerichte mit Innereien

## Kutteln mit Pfefferschoten

**Zutaten:**

*500 g Rinderkutteln, 1 1/2 gehackte Zwiebeln, 1 EL Öl, 1 TL Paprika, Salz, 5 Minzenblätter, 1 TL Krabbenpaste, 2 Tassen Zitronensaft, 1 Tasse kleingeschnittene rote Pfefferschoten.*

**Zubereitung:**

Die Kutteln in Scheiben schneiden.
Die Zwiebeln in dem heißen Öl im Wok bräunen.
Die Kutteln, den Paprika, Salz sowie die Minzenblätter, Krabbenpaste und den Zitronensaft hinzufügen und bei schwacher Hitze etwa 30 Minuten dünsten.
Nun die Pfefferschoten dazugeben und weitere 30 Minuten dünsten, bis die Kutteln weich sind.

## Pikante Schweinenieren

**Zutaten:**

*4 Schweinenieren, 1 Tasse Sherry, 2 gehackte Zwiebeln, 2 gehackte Knoblauchzehen, 2 El Öl, 2 EL Ingwerpulver, 200 g in Streifen geschnittenes Schweinefleisch, 200 g in Streifen geschnittene Schweineleber, 2 EL Sojasoße, 1 Tasse gehackter Bleichsellerie.*

**Zubereitung:**

Die Nieren waschen, halbieren und das Innere entfernen.
In Scheibchen schneiden und 30 Minuten in dem Sherry einweichen.
Die Zwiebeln und Knoblauchzehen in Öl im Wok bräunen, anschließend das Ingwerpulver, das Schweinefleisch, ebenso die Leber, Nieren mit Sherry und die Sojasoße hinzufügen. Umrühren und etwa 30 Minuten bei schwacher Hitze dünsten.
1 Minute vor dem Servieren den Bleichsellerie dazugeben.

## Leber mit Porree

**Zutaten:**

*600 g Leber, 2 EL Sojasoße, 2 EL Sherry, 2 TL Stärkemehl, Zucker, Salz, Pfeffer, 250 g Porree, 2 EL Öl, 2 EL Brühe, 1 Bund gehackte Petersilie.*

**Zubereitung:**

Die Leber waschen, abtrocknen, säubern und in feine Streifen schneiden. Die Sojasoße, den Sherry, das Stärkemehl, Zucker, Salz und Pfeffer gut mischen und die Leberstreifen 15 Minuten in dieser Marinade ziehen lassen. In der Zwischenzeit den Porree in Ringe schneiden und im Wok in heißem Fett anbraten.
Die Leber dazugeben und weitere 4 Minuten braten.
Die Brühe darübergießen, kurz aufkochen lassen und mit der gehackten Petersilie bestreuen.

## Leber in Sojasoße

**Zutaten:**

*4 Scheiben Kalbsleber, 2 EL Fett, 3 Zwiebeln, 2 Äpfel, 3 Knoblauchzehen, 2 EL Sojasoße, Pfeffer, 1 Prise Zucker, 1 EL Tomatenketchup, 1 TL Stärkemehl, 1/2 Tasse Weißwein.*

**Zubereitung:**

Die Kalbsleber waschen, häuten und in heißem Fett von beiden Seiten kurz braten. Aus dem Wok nehmen und warm stellen.
Die Zwiebeln schälen und in Ringe schneiden, die Äpfel schälen und in Scheiben schneiden.
Die Knoblauchzehen fein hacken und mit den Zwiebelringen und den Apfelscheiben in dem Fett der Leber dünsten.
Mit der Sojasoße, Pfeffer, Zucker und dem Tomatenketchup abschmecken.
Das Stärkemehl mit dem Weißwein anrühren und dazugeben.
Die Leber in Stücke schneiden und ebenfalls hinzufügen und darin kurz erhitzen.

# Fischgerichte

## Gedämpfter Fisch

**Zutaten:**

*750 g ausgenommener Seebarsch oder jeder andere feste, weiße Fisch, Salz, 2 TL fermentierte schwarze Bohnen, 1 EL Sojasoße, 1 EL heller, trockener Sherry, 1 EL in Streifen geschnittene Ingwerwurzel, 1 in Stücke geschnittene Frühlingszwiebel mit grünen Spitzen, 1 EL Pflanzenöl, 1 Prise Zucker.*

**Zubereitung:**

Den Fisch waschen, mit Küchenkrepp abtrocknen und innen und außen salzen.

Auf jeder Seite außen mit einem scharfen Messer diagonale Schnitte anbringen.

Die Bohnen grob hacken und in einer kleinen Schüssel mit der Sojasoße, dem Sherry, dem Öl und Zucker gut mischen.

Den Fisch auf einen Teller legen, der auf das Einsatzkreuz des Wok gestellt werden kann. Am Rand müssen aber noch etwa 1–2 cm Abstand zum Wokrand sein, damit der Wasserdampf am Teller vorbei nach oben kann. Eventuell muß man den Fisch in Teile zerlegen, obwohl ein im ganzen gedämpfter Fisch natürlich schöner aussieht.

Die Gewürzmischung über den Fisch geben.

Obendrauf die Ingwerstreifen und Zwiebelstückchen legen.

Den Wok nach Vorschrift mit kochendem Wasser füllen. Wenn das Wasser sprudelnd kocht und der Teller mit dem Fisch auf dem Einsatzkreuz über dem kochenden Wasser steht, den Deckel fest verschließen und den Fisch bei ständig kochendem Wasser – unter Umständen muß kochendes Wasser nachgefüllt werden – 15 Minuten dämpfen, bis er sich fest anfühlt.

Den fertigen Fisch sofort servieren.

## Fisch mit Pilzen

**Zutaten:**

*500 g Fischfilet, 1 1/2 gehackte Zwiebeln, 2 EL Öl, 1 Tasse streifig geschnittene Bambussprossen, 1 Tasse Erbsen, 1 Tasse Sojakeime, 500 g in Scheiben geschnittene Pilze, 1 1/2 EL Sojasoße, Salz, Pfeffer, 1 1/2 EL Sherry, 2 EL Ketchup.*

**Zubereitung:**

Den Fisch säubern, abtropfen lassen und portionieren.
Die Zwiebeln in dem heißen Öl im Wok 2 Minuten bräunen und das Gemüse, die Pilze, Sojasoße, etwas Salz und Pfeffer, den Sherry und das Ketchup hinzufügen.
Vorsichtig umrühren und etwa 10 Minuten dünsten.

## Geschmortes Fischfilet mit Gemüse

**Zutaten:**

*4 gehackte Zwiebeln, 2 gehackte Knoblauchzehen, 3 EL Öl, 500 g in Streifen geschnittenes Fischfilet, 1 Tasse in Streifen geschnittener Schinken, 2 EL Sojasoße, Salz, Pfeffer, 2 Tassen gewürfelter Weißkohl, 2 Tassen Bambussprossen.*

**Zubereitung:**

Die Zwiebeln und Knoblauchzehen 2 Minuten in dem heißen Öl im Wok bräunen.
Die restlichen Zutaten dazugeben und 10 Minuten dünsten.

## Gebratene Fischfilets

**Zutaten:**

*750 g Fischfilet, 2 EL Stärkemehl, 2 Eiweiß, 2 EL Reiswein, Salz, 3 EL Öl, 2 TL gehackter Ingwer, 2 kleine gehackte Zwiebeln.*

**Zubereitung:**

Das Fischfilet waschen, abtrocknen und portionieren.
In dem Stärkemehl wälzen und in einer Mischung aus den Eiweißen, dem Reiswein und Salz wenden.
Das Öl im Wok erhitzen und den Ingwer und die Zwiebeln kurz darin anbraten.
Den Fisch hinzufügen und unter Rühren kurz mitbraten, bis er fest und weiß ist.
Sofort servieren.

## Fischfladen

**Zutaten:**

*1 Tasse Reismehl, 1 EL Koriander, 1 TL Kümmel, Salz, Pfeffer, 1 geschlagenes Ei, 1 EL gehackte Zwiebeln, 1 EL gehackte Knoblauchzehen, 3/4 Tasse Kokosmilch, 1 TL Backpulver, 1/2 Tasse gehackter Fisch, 3 Tassen Öl.*

**Zubereitung:**

Alle Zutaten außer dem Öl zu einem dünnen Teig verrühren. Dabei, falls notwendig, ein wenig Wasser dazugeben.
Große dünne Fladen in dem Öl goldbraun backen, mehrmals wenden.
Auf Küchenkrepp abtropfen lassen.

## Gewürztes Fischfilet

**Zutaten:**

*50 g Glasnudeln, 2 gehackte Zwiebeln, 2 gehackte Knoblauchzehen, 2 EL Öl, 500 g in Streifen geschnittenes Fischfilet, 2 TL Currypulver, 2 Tassen Milch, 1 Lorbeerblatt, 1 TL Koriander, 1 Prise gemahlener Kümmel.*

**Zubereitung:**

Die Glasnudeln 20 Minuten in kaltem Wasser einweichen.

Die Zwiebeln und Knoblauchzehen 2 Minuten in dem heißen Öl im Wok rösten.
Nun die Nudeln und alle übrigen Zutaten dazugeben und bei schwacher Hitze 15 Minuten dünsten.

## Fischfilet mit Mandeln und Pilzen

**Zutaten:**

*500 g Fischfilet, 12 in heißem Wasser eingeweichte chinesische Pilze, 2 EL Mehl, 1 Ei, Salz, Pfeffer, 1/2 Tasse Erdnußöl, 4 geschnittene grüne Zwiebelröhrchen, 2 EL Sojasoße, 1 Tasse Brühe, 6 EL geröstete und gehobelte süße Mandeln.*

**Zubereitung:**

Das Fischfilet und die Pilze in Streifen schneiden.
Den Fisch mit einer Mischung aus dem Mehl, Ei sowie Salz und Pfeffer vermengen und in dem heißen Öl im Wok goldgelb anbraten.
Herausnehmen und warmstellen.
Im selben Fett die Pilze anbraten, dann die kleingeschnittenen Zwiebelröhrchen hinzufügen und unter ständigem Rühren 8 Minuten braten.
Die Sojasoße und die mit ein wenig Mehl angerührte Brühe hineingießen und 1 1/2 Minuten aufkochen lassen.
Die Fischstreifen auf das Gemüse legen und die Mandelsplitter darüberstreuen.

## Salzfisch in Zwiebeln und Tomaten

**Zutaten:**

*500 g gesalzener Trockenfisch, 2 Tassen Öl, 2 in Scheiben geschnittene Zwiebeln, 1/2 Tasse zerkleinerte rote Pfefferschoten, 1/4 Tasse Zitronensaft, 3 Tomaten.*

**Zubereitung:**

Den Fisch gründlich waschen und in Scheiben schneiden.
In dem heißen Öl im Wok hellbraun braten und abtropfen lassen.
Die Zwiebeln und die Pfefferschoten in wenig Öl rösten und den Zitronensaft hinzufügen.

*Frühlingsrollen (schwimmend ausbacken; Rezept Seite 42)*

*Gedämpfter Fisch (dämpfen; Rezept Seite 45)*

Die Tomaten achteln. Diese Achtel ebenfalls dazugeben und 1 Minute ziehen lassen.
Die Mischung vor dem Servieren über den Fisch verteilen.

## Indisches Schollenfilet

**Zutaten:**

*4 Schollenfilets, Zitronensaft, Salz, Mehl, 3 EL Fett, 3 Bananen, 2–3 EL Reiswein, Curry.*

**Zubereitung:**

Die Schollenfilets säubern, mit dem Zitronensaft säuern, mit Salz würzen und in Mehl wenden.
In heißem Fett im Wok von beiden Seiten braten, herausnehmen und warm stellen.
Die Bananen schälen, mit dem Reiswein marinieren und mit Curry bestäuben.
Kurz in dem Bratenfond braten und anschließend auf den Filets anrichten.

## Gebratener Fischrogen mit Pfefferschoten

**Zutaten:**

*500 g Fischrogen, 4 EL Mehl, 4 Tassen Öl, 1 gehackte Zwiebel, 1 1/2 Tassen in Scheiben geschnittene rote Pfefferschoten, 2 EL Zitronensaft, Salz, Reiswein.*

**Zubereitung:**

Den Rogen säubern, abtropfen lassen und mit Mehl bestreuen.
In dem Öl schwimmend im Wok goldbraun braten, herausnehmen und abtropfen lassen.
Die Zwiebel und die Pfefferschoten in 1 Eßlöffel des heißen Öls etwa 2 Minuten rösten.
Den Zitronensaft, das Salz und Reiswein nach Geschmack hinzufügen und 1 Minute rühren.
Den Rogen dazugeben und wiederum 1 Minute rühren.
Mit einer scharfen Soße servieren.

# Gerichte mit Meerestieren

**(Zubereitet im Wok oder in der Cataplana)**

## Tintenfisch mit Tomaten

**Zutaten:**

*8 Tintenfische, 2 EL Öl, 1 1/2 gehackte Zwiebeln, 4 gehackte Knoblauchzehen, 2 EL Sherry, 1 EL Sojasoße, Salz, Pfeffer, 4 in Scheiben geschnittene Tomaten.*

**Zubereitung:**

Die Tintenfische waschen und das Gallertartige entfernen.
In mundgerechte Portionen zerteilen und in dem Öl bei großer Hitze im Wok braten, bis die Fangarme sich kräuseln.
Die Zwiebeln, den Knoblauch und Sherry, die Sojasoße, Salz, Pfeffer sowie Tomaten hinzufügen und mit 1 Tasse Wasser aufgießen.
Noch etwa 10 Minuten dünsten.

## Garnelentoast

**Zutaten:**

*400 g Garnelen, 1 Ei, 1 1/2 TL Reismehl, 5 gehackte Wassernüsse, 1 TL feingehackte frische Ingwerwurzel, 1 EL trockener Sherry, 1/2 TL Salz, 1 Prise Pfeffer, 4 Scheiben Weißbrot, Öl.*

**Zubereitung:**

Die Garnelen schälen und fein hacken.
Das Ei schlagen und mit den Garnelen, dem Reismehl, den Wassernüssen und dem Ingwer sowie mit dem Sherry, Salz und Pfeffer gut vermischen.
Die Mischung gleichmäßig auf das zuvor entkrustete Weißbrot streichen und dieses mit der bestrichenen Seite nach unten in heißes Öl in den Wok legen. Nach etwa 1 1/2 Minuten wenden und noch kurz im Öl lassen.
Herausnehmen, kurz abtropfen lassen und heiß servieren.

## Garnelen in scharfer Soße

**Zutaten:**

*500 g tiefgekühlte Garnelen, Salz, 1 Ei, 4 EL Mehl, 2 EL Mineralwasser, etwas Öl, 1 große Zwiebel, 5 Knoblauchzehen, 7 EL Chilisoße (Fertigprodukt im Glas), 1/2 EL Ingwerpulver.*

**Zubereitung:**

Die Garnelen auftauen und abtropfen lassen, anschließend salzen.
Aus dem Ei und Mehl einen glatten Teig rühren. Das Mineralwasser dazugeben und die Garnelen darin wenden.
Das Öl im Wok erhitzen und die Garnelen darin ausbacken.
Die Zwiebel schälen und mit den ebenfalls geschälten Knoblauchzehen durch eine Knoblauchpresse pressen.
Die Masse in 2 Eßlöffel erhitztem Öl anbraten. Die Chilisoße darübergießen und alles mit dem Ingwerpulver würzen.
Die ausgebackenen heißen Garnelen und die fertige Soße getrennt servieren.

## Hummer mit Schweinefleisch und Ei

**Zutaten:**

*2 mittelgroße lebende Hummer, Salz, Öl, 150 g Schweinerückenfilet, 2 Eier, 2 grüne Zwiebelröhrchen, 2 EL Sojasoße, 1 EL Ingwerpulver, 1 EL Zucker, 2 EL Sherry, 1 Tasse Brühe, 1 EL Mehl.*

**Zubereitung:**

Die gesäuberten Hummer 3 Minuten in kochendem Salzwasser abkochen.
Herausnehmen, der Länge nach halbieren und in heißem Fett – die offene Seite zuerst nach unten – im Wok 3 Minuten anbraten und wenden.
Das Schweinerückenfilet in Streifen schneiden, dazugeben und unter Rühren bei großer Hitze 2 Minuten anbraten.
Anschließend die geschlagenen Eier, die kleingeschnittenen Zwiebelröhren und die Sojasoße sowie den Ingwer, Zucker und Sherry hinzufügen.
Die Brühe mit dem Mehl anrühren und ebenfalls dazugeben.
3 Minuten durchkochen lassen.

## Erbsen mit Hummerkrabben

**Zutaten:**

*1 Paket Tiefkühlerbsen, 3 EL Öl, 125 g Krabben, 1 Päckchen Tiefkühlhummerkrabben (Scampi), 1/4 Tasse Brühe, 1 EL Sojasoße, 1 TL Zucker, Salz, Pfeffer.*

**Zubereitung:**

Die Tiefkühlerbsen leicht antauen.
Das Öl im Wok erhitzen, die Krabben und Scampi kurz darin durchschwenken und die Erbsen darübergeben.
1/4 Tasse Brühe hinzufügen, das Gericht gut schütteln, zudecken, bis die Erbsen nach Vorschrift auf der Packung gar sind, und mit der Sojasoße, dem Zucker sowie Salz und Pfeffer würzen.

## Krabben in Austernsoße

**Zutaten:**

*500 g große ungeschälte Krabben, 2 EL Sojasoße, 2 EL Austernsoße, 1 EL Stärkemehl.*

**Zubereitung:**

Den Kopf und die Beine der Krabben entfernen, die Schale zum Säubern spalten, jedoch daranlassen.
Den Wok erhitzen, die Krabben hineinlegen und 2 Minuten rundherum braten.
Nun die Sojasoße, Austernsoße und das Stärkemehl hinzufügen und bei großer Hitze ständig rühren, bis die Flüssigkeit eingezogen ist.
Die Krabben können kalt oder heiß serviert werden.

## Krabben in Pfeffersoße

**Zutaten:**

*500 g geschälte Krabben, 1 gehackte Zwiebel, 2 EL Öl, 2 TL Garnelenpaste, 3 EL roter Pfeffer, 1 EL Paprikapulver, 25 g Tamarindenmus, Salz.*

**Zubereitung:**

Die Krabben waschen und abtrocknen.
Die Zwiebel in dem heißen Öl im Wok bräunen und nun die Krabben und alle weiteren Zutaten hinzufügen.
Bei schwacher Hitze 20 Minuten dünsten.

## Krabben in pikanter Soße

**Zutaten:**

*400 g geschälte Krabben, Salz, 3–4 EL Mehl, 1 Ei, 2 1/2 Tassen Öl, 1 EL gehackter Ingwer, 1 feingehackte Zwiebel, 1/2 feingehackte Knoblauchzehe, 1/2 Stange Lauch, 1 rote Pfefferschote, 1 Tasse chinesische Pilze, 1 EL Chilisoße.*

**Zubereitung:**

Die Krabben salzen und in einem Teig aus dem Mehl und Ei wälzen.
In heißem Öl schwimmend im Wok ausbacken und anschließend warmstellen.
Den Ingwer, die Zwiebel und Knoblauchzehe in wenig Öl anbraten.
Den Lauch, die Pfefferschote und die zuvor eingeweichten chinesischen Pilze kleinschneiden und hinzufügen.
Mit Chilisoße und Salz abschmecken.
Das Gemüse weich dünsten und über die Krabben verteilen.

## Krabben in würziger Soße

**Zutaten:**

*750 g Krabben, 2 Scheiben Ingwer, 1 Frühlingszwiebel, 2 EL Pflanzenöl, 1 EL Weißwein, 2 EL Tomatenketchup, 1/2 TL Zucker, 1 TL Weißwein, 1/2 TL Sojasoße, Salz und Pfeffer, 1 TL Stärkemehl.*

**Zubereitung:**

Das Öl im Wok erhitzen und dann die Ingwerscheiben und die feingehackte Frühlingszwiebel darin dünsten lassen.
Nun die Krabben und den Weißwein dazugeben und alles 2 Minuten dünsten lassen.

Jetzt die Soßenzutaten und noch etwas Wasser zu den Krabben geben und alles 5 Minuten kochen lassen.
Zuletzt die mit etwas Wasser angerührte Stärke unter die Mischung rühren und unter ständigem Rühren warten, bis der Pfanneninhalt etwas andickt.

## Krabben in Teig

**Zutaten:**

*500 g geschälte Krabben, 1 Ei, 1/2 Tasse Mehl, Salz, Pfeffer, 2 1/2 Tassen Öl, 3 ungespritzte Zitronen.*

**Zubereitung:**

Die Krabben säubern.
Das Ei, Mehl, Salz und Pfeffer verrühren und die Krabben in diesen Teig tauchen.
Das Öl im Wok erhitzen und die Krabben darin schwimmend hellbraun braten.
Auf Küchenkrepp abtropfen lassen und mit Zitronenscheiben garniert servieren.

## Krabben in Tomatensoße

**Zutaten:**

*500 g geschälte Krabben, 1 1/2 gehackte Knoblauchzehen, 2 EL Öl, 1 Tasse Erbsen, 1 Tasse gewürfelte Ananas, Salz, Pfeffer, 1/2 Tasse Wasser, 3 TL Zucker, 5 EL Ketchup, 2 TL Stärkemehl.*

**Zubereitung:**

Die Krabben 3 Minuten in Wasser kochen, herausnehmen und abtropfen lassen.
Die Knoblauchzehen in dem heißen Öl im Wok bräunen und alle Zutaten außer dem Stärkemehl hinzufügen.
Aufkochen lassen und das in wenig Wasser angerührte Stärkemehl dazugeben.
5 Minuten rühren und sofort servieren.

## Gebratene Krabben

**Zutaten:**

*500 g geschälte Krabben, 3/4 Tasse Zitronensaft, Salz, 2 1/2 Tassen Öl.*

**Zubereitung:**

Die Krabben säubern und mit dem Zitronensaft und etwas Salz bei größter Hitze so lange dünsten, bis die Flüssigkeit verdampft ist.
Das Öl erhitzen und die Krabben darin schwimmend hellbraun braten.

## Krabben mit Erbsen

**Zutaten:**

*500 g geschälte Krabben, 1 gehackte Zwiebel, 3 EL Öl, 2 EL Sojasoße, Salz, Pfeffer, 2 EL Sherry, 2 Tassen Erbsen.*

**Zubereitung:**

Die Krabben waschen und abtrocknen.
Die Zwiebel 2 Minuten in heißem Öl im Wok bräunen und die Krabben, die Sojasoße, Salz, Pfeffer und den Sherry hinzufügen.
10 Minuten dünsten.
1 Minute vor dem Servieren die Erbsen dazugeben und gut umrühren.

## Krabben mit Gemüse

**Zutaten:**

*3 gehackte Bohnenkuchen, 3 Tassen Öl, 1 gehackte Zwiebel, 1/2 Tasse kleingeschnittenes Hühnerfleisch, 1 EL Sojasoße, Salz, Pfeffer, 1 1/2 Tassen Mehl, 1/2 Tasse Bohnenkeime, 1/2 Tasse in Scheiben geschnittener chinesischer Lauch, 8 große geschälte Krabben.*

**Zubereitung:**

Die Bohnenkuchen in 2 Eßlöffeln Öl hellbraun braten und abtropfen lassen.

Die Zwiebel in 1 Eßlöffel Öl 1 Minute braten, dann das Hühnerfleisch, die Bohnenkuchen, die Sojasoße, Salz und Pfeffer dazugeben und 5 Minuten dünsten.
Abkühlen lassen, das Mehl hinzufügen und gut umrühren.
Die Bohnenkeime und den Lauch daruntermischen.
In je 3 Eßlöffel dieses Gemisches 1 Krabbe drücken und Bällchen formen.
Diese im restlichen Öl schwimmend hellbraun braten.
Auf Küchenkrepp abtropfen lassen und mit einer scharfen Soße servieren.

## Krabben mit Gurken

**Zutaten:**

*500 g geschälte Krabben, 2 TL Stärkemehl, Salz, Pfeffer, 3 kleine Salatgurken, 1 gehackte Zwiebel, 3 EL Öl, Sojasoße, 1/2 Tasse geröstete Zwiebelwürfel.*

**Zubereitung:**

Die Krabben säubern, abtrocknen und mit dem Stärkemehl, Salz und Pfeffer mischen.
Die Gurken schälen und in 2 cm große Stücke schneiden, die Kerne entfernen.
Die Zwiebel in dem heißen Öl im Wok braten, die Krabben dazugeben und 5 Minuten rühren.
Die Gurkenstücke hinzufügen und weitere 5 Minuten dünsten.
Mit Sojasoße abschmecken und mit den gerösteten Zwiebelwürfeln garniert servieren.

## Krabben mit Ingwer

**Zutaten:**

*500 g geschälte Krabben, 2 EL Öl, 2 EL Sojasoße, 2 TL Zucker, 1 1/2 EL Essig, 2 TL Ingwerpulver, Salz, Pfeffer, 2 EL Sherry.*

**Zubereitung:**

Die Krabben säubern und abtrocknen.

Das Öl, die Sojasoße, den Zucker, Essig, das Ingwerpulver sowie Salz und Pfeffer zusammen im Wok erhitzen, die Krabben hinzufügen und 5 Minuten bei großer Hitze dünsten.
1 Minute vor dem Auftragen den Sherry dazugeben.

## Krabben mit Mandeln

**Zutaten:**

*500 g geschälte Krabben, 1 gehackte Zwiebel, 3 EL Öl, 2 gewürfelte Selleriestengel, 1 Tasse gehackte Mandeln, 2 EL Sherry, Salz, Pfeffer.*

**Zubereitung:**

Die Krabben säubern und abtrocknen.
Die Zwiebel 2 Minuten in dem heißen Öl im Wok rösten und die Krabben, den Sellerie, die Mandeln, den Sherry sowie Salz und Pfeffer dazugeben.
5 Minuten bei großer Hitze rühren.

## Krabben mit chinesischen Mixed Pickles

**Zutaten:**

*500 g geschälte Krabben, 2 gewürfelte Zwiebeln, 1 TL Ingwerpulver, 1 feingehackte Knoblauchzehe, 4 EL Öl, 100 g gehackte chinesische Mixed Pickles, 2 EL Sherry, 3 EL Sojasoße, Zucker, 1 EL Wasser, 1 EL Stärkemehl.*

**Zubereitung:**

Die Krabben säubern und abtrocknen.
Die Zwiebeln, das Ingwerpulver und die Knoblauchzehe in dem heißen Öl im Wok anbraten.
Die Krabben dazugeben und 3 Minuten braten.
Die Mixed Pickles und den Sherry hinzufügen und umrühren.
Die restlichen Zutaten zu einer Soße rühren und diese darübergießen. So lange rühren, bis die Soße bindet.

## Krabben mit Wasserkastanien

**Zutaten:**

*500 g geschälte Krabben, 1 Ei, 1 gehackte Knoblauchzehe, 2 gehackte Zwiebeln, 4 EL Öl, 1 EL Sherry, Salz, 125 g Wasserkastanien, 8 EL Brühe, 1 TL Sherry, 2 TL Stärkemehl, Zucker.*

**Zubereitung:**

Die Krabben säubern und in verschlagenem Ei wälzen.
Die Knoblauchzehe und Zwiebeln in dem heißen Öl im Wok hellbraun werden lassen, die Krabben dazugeben und 3 Minuten braten.
Den Sherry und Salz hinzufügen und gut mischen.
Sobald sich die Krabben rötlich färben, herausnehmen und warmstellen.
Die Wasserkastanien in Scheiben schneiden und in dem heißen Öl 3 Minuten braten.
Die übrigen Zutaten zu einer Soße verarbeiten, über die Kastanien gießen und so lange rühren, bis die Soße bindet. Die Krabben hinzufügen und sofort servieren.

## Gepfefferte Krabben

**Zutaten:**

*500 g geschälte Krabben, 3 TL Stärkemehl, 3 große grüne Pfefferschoten, 3 EL Öl, 3 EL Sherry, Salz, Pfeffer.*

**Zubereitung:**

Die Krabben säubern und mit dem Stärkemehl mischen.
Die Pfefferschoten vierteln, die Kerne entfernen und jedes Viertel in 3 Teile zerteilen.
Die Krabben 3 Minuten in dem heißen Öl im Wok schmoren, den Sherry dazugeben und 1 Minute umrühren.
Nun die Krabben herausnehmen.
In der Flüssigkeit den grünen Pfeffer bei großer Hitze 2 Minuten dünsten, die Krabben hinzufügen, mit Salz und Pfeffer würzen und 3 Minuten umrühren.

## Schinkenkrabben

**Zutaten:**

*500 g geschälte Krabben, 3/4 Tasse Mehl, Salz, Pfeffer, 2 geschlagene Eier, 1 TL Backpulver, 250 g in Scheiben geschnittener Schinken, 3 Tassen Öl.*

**Zubereitung:**

Die Krabben säubern.
Das Mehl, Salz und Pfeffer, die Eier, das Backpulver und 1/2 Tasse Wasser zu einem Teig verrühren.
Um jede Krabbe ein Stück Schinken wickeln und feststecken.
In den Teig tauchen und in dem heißen Öl im Wok schwimmend goldbraun braten.

## Muscheln mit Schweinenieren

**Zutaten:**

*4 Schweinenieren, 250 g Kammuscheln, 4 EL Erdnußöl, 1–2 EL Sherry, Salz, 2 TL gehackter Ingwer, 2 kleine Zwiebeln, 2 1/2 EL Sojasoße, Zucker, 1 1/2 EL Stärkemehl.*

**Zubereitung:**

Die Nieren längs halbieren, das Fett entfernen und die Oberfläche der Nierenhälften kreuzweise tief einkerben. In Scheiben schneiden.
Die Muscheln waschen, abtrocknen und in kleine Scheiben schneiden.
2 Eßlöffel Öl im Wok erhitzen und die Muscheln etwa 1 Minute darin unter Rühren braten, bis sie weiß, jedoch nicht zu fest sind.
Mit dem Sherry und Salz abschmecken und herausnehmen.
Das restliche Öl in den Wok gießen und den Ingwer und die Zwiebeln darin anbraten. Die Nieren hinzufügen und 2 Minuten bei starker Hitze braten.
Mit der Sojasoße und Zucker würzen.
Die Muscheln dazugeben und mit den Nieren vermischen.
Das Stärkemehl mit etwas Wasser anrühren und das Gericht damit binden.

## Bohnenkuchen mit Krabben

**Zutaten:**

*4 gehackte Bohnenkuchen, 1 Tasse gekochte, geschälte und gehackte Krabben, 1 EL gehackte Zwiebel, 1 EL gehackter Knoblauch, Salz, Pfeffer, 1 EL gehackter Bleichsellerie, 1 EL Mehl, 2 geschlagene Eier, 3 Tassen Öl.*

**Zubereitung:**

Alle Zutaten außer dem Öl gründlich mischen und löffelweise in dem heißen Öl im Wok goldbraun braten.
Auf Küchenkrepp abtropfen lassen.

## Süß-saure Krevetten

**Zutaten:**

*2 feingehackte Zwiebeln, 1 in Streifen geschnittene Peperoni, 100 g in Streifen geschnittene Bambussprossen, 100 g chinesische Champignons, 2 EL Öl, 1 Tasse Fleischbrühe, 1 Flasche Sweet and Sour Sauce, 500 g rohe geschälte Riesenkrevetten, 3 EL Reismehl, 2 EL Sojasoße, Salz, Pfeffer, 3 EL Öl.*

**Zubereitung:**

Die Zwiebeln, Peperoni, Bambussprossen und Champignons in heißem Öl im Wok anziehen lassen.
Die Brühe und die Sweet and Sour Sauce dazugeben, aufkochen und bei schwacher Hitze kurz ziehen lassen.
Die Riesenkrevetten mit dem Reismehl, der Sojasoße sowie Salz und Pfeffer gut mischen und in heißem Öl so lange braten, bis sie sich rosa färben.
Nun das Gemüse dazugeben und kurz aufkochen.

# Süße Gerichte

## Umsponnene Äpfel

**Zutaten:**

*100 g Weizenmehl, 1 Ei, 2 mittelgroße feste Äpfel, 3/4 l Pflanzenöl, 225 g Zucker, 1/4 Tasse kaltes Wasser, 1 EL schwarzer Sesamsamen, Eiswasser.*

**Zubereitung:**

Aus dem Mehl, dem gut verquirlten Ei und etwa 1/8 l Wasser einen glatten Ausbackteig rühren.
Die Äpfel schälen, vierteln, entkernen und achteln.
Das Öl im Wok erhitzen.
Gleichzeitig in einem Topf 1 Eßlöffel Öl mit dem Zucker und Wasser bei hoher Temperatur aufkochen und nur so lange rühren, bis sich der Zucker aufgelöst hat.
Die Mischung kochen lassen, bis der Sirup zu spinnen beginnt.
Den Sesamsamen hineinrühren und die niedrigste Temperatur einstellen.
8 Apfelteile in den Fritierteig legen und darin wenden, bis sie damit überzogen sind. Dann mit einem Schaumlöffel in den Wok geben und 1 Minute hellbraun fritieren. Sofort herausnehmen und in den Topf mit Sirup legen. Die Stückchen gut wenden, damit sie überall mit Sirup überzogen sind. Dann in eine Schüssel mit Eiswasser fallen lassen. Dadurch erstarrt der Sirup sofort und umgibt die Apfelstücke mit einer klaren, glänzenden Glasur.
Umsponnene Äpfel müssen so schnell wie möglich serviert werden, da sonst die Zuckerglasur wieder weich wird.

## Gebackene Bananen

**Zutaten:**

*4 Bananen, 1 Tasse Mehl, 2/3 Tasse Wasser, 1 TL Backpulver, Salz, Zucker, 3 Tassen Öl.*

**Zubereitung:**

Die Bananen schälen und in Scheiben schneiden.
Das Mehl mit den übrigen Zutaten, außer dem Öl, zu einem dünnen Teig verrühren.
Die Bananen hineintauchen und in dem heißen Öl schwimmend im Wok goldbraun braten.
Auf Küchenkrepp abtropfen lassen.

## Crêpes

(etwa 12 Stück)

**Zutaten:**

*125 g Mehl, 40 g Puderzucker, 2 Eigelb, 1 Ei, 1/8 l Milch, 1/8 l Schlagsahne, abgeriebene Schale von 1/4 unbehandelten Zitrone, 50 g Butter, Butter zum Backen, Puderzucker zum Bestäuben.*

**Zubereitung:**

Das Mehl und den Puderzucker in eine Schüssel sieben.
Die Eigelbe und das Ei zu dem Mehl geben. Mit der Milch und der Schlagsahne alles gut verrühren. (Die Flüssigkeiten sollen knapp gemessen sein.)
Die abgeriebene Zitronenschale unter den Teig ziehen.
Die Butter in einem Topf zerlassen, abkühlen lassen und dann unter den Teig mischen.
Den Teig noch etwa 5 Minuten stehenlassen.

Die Butter im Wok erhitzen und portionsweise den Crêpeteig in der nicht zu heißen Butter backen.
Die heißen, fertigen Crêpes mit Puderzucker bestäuben und sofort servieren.

## Crêpes mit Vanillecreme

**Zutaten:**
*siehe Rezept Crêpes;*

*für die Vanillecreme:*
*1/4 l Milch, 1/2 P. Vanillepuddingpulver, 2 EL Ananasstücke.*

**Zubereitung:**
Aus der Milch und dem Puddingpulver genau nach Vorschrift eine Vanillecreme kochen, dabei jeweils nur die Hälfte der angegebenen Menge nehmen. Die Creme während des Abkühlens häufig umrühren, damit sich keine Haut bildet.
Unter die abgekühlte Vanillecreme die Ananasstücke unterziehen.
Diese Mischung auf die fertigen Crêpes streichen und die Crêpes vierteln oder aufrollen.
Je nach Geschmack kann man noch etwas Johannisbeergelee auf die zusammengerollten Crêpes geben.
Sofort servieren.

## Crêpes mit Schokolade

**Zutaten:**
*siehe Rezept Crêpes;*

*50 g Schokolade, je nach Geschmack.*

**Zubereitung:**
Die Schokolade im Wasserbad schmelzen lassen.
Die fertig gebackenen Crêpes zusammenrollen und über die Rollen die flüssige Schokolade gießen.
Kindern schmeckt Vollmilch- oder Noisetteschokolade am besten.
Für Erwachsene bietet sich auch geschmolzene bittere Schokolade an.

**Tip:**
Bei allen Crêpes muß der Teig ganz glatt sein, und man darf nur wenig Teig in die Pfanne geben, damit die Crêpes auch wirklich dünn und locker werden.

# Rezeptverzeichnis

# NÜTZLICHE RATGEBER

**Stand: Herbst 1989**

## Essen und Trinken

**Meine feine Bürgerliche Küche**
(4411) Von E. Falout, 160 S., 119 Farbfotos, Pappband. ●●●

**Essen in Hessen**
Spezialitäten zwischen Schwalm und Odenwald. (0837) Von R. Witt, 120 S., 10 s/w-Zeichnungen, Pappband. ●●

**Kochen für 1 Person**
Rationell wirtschaften, abwechslungsreich und schmackhaft zubereiten. (0586) Von M. Nicolin, 104 S., 8 Farbtafeln, 23 Zeichnungen, kart. ●

Schnell und individuell
**Die raffinierte Single-Küche**
(4266) Von F. Faist, 160 S., 151 Farbfotos, Pappband. ●●●

**Was koche ich heute?**
Neue Rezepte für Fix-Gerichte. (0608) Von A. Badelt-Vogt, 112 S., 16 Farbtafeln, kart. ●

Frischer Fang aus Fluß und Meer **Fisch**
(0964) Von L. Grieser, 64 S., 69 Farbfotos, Pappband. ●

Edler Kern in harter Schale
**Meeresfrüchte**
(0886) Von L. Grieser, 48 S., 52 Farbfotos, Pappband. ●

Gaumenfreuden Tag für Tag
**Pfannengerichte**
(1007) Von S. Fabke, 64 S., 54 Farbfotos, Pappband. ●

Von Tatar und falschen Hasen **Hackfleisch**
(0866) Von A. und G. Eckert, 64 S., 42 Farbfotos, Pappband. ●

Aus eigener Küche **Gute Wurst**
(0948) Von J. Bessel, G. Quaas, 80 S., 8 Farbtafeln, kart. ●

Aus lauter Lust und Liebe **Knoblauch**
(0867) Von L. Reinirkens, 64 S., 45 Farbfotos, Pappband. ●

Kochen und würzen mit **Knoblauch**
(0725) Von A. und G. Eckert, 96 S., 8 Farbtafeln, kart. ●

Kochen und würzen mit **Paprika**
(0792) Von A. und G. Eckert, 88 S., 8 Farbtafeln, kart. ●

Bintje, Irmgard und Sieglinde
**Kartoffeln**
(1032) Von S. Fabke, 64 S., 43 Farb- und 1 s/w-Foto, Pappband. ●

**Nudelgerichte**
– lecker, locker, leicht zu kochen. (0466) Von C. Stephan, 80 S., 8 Farbtafeln, kart. ●

Pasta in Höchstform **Nudeln**
(0884) Von M. Kirsch, 64 S., 62 Farbfotos, Pappband. ●

Kräftig klar und cremig zart
**Feine Suppen**
(1031) Von H. Imhof, 64 S., 48 Farbfotos, Pappband. ●

**Eintöpfe und Aufläufe**
Das Beste aus den Kochtöpfen der Welt (5079) Von A. u. G. Eckert, 64 S., 50 Farbfotos, Pappband. ●●

Herzhaftes für Leib und Seele **Eintöpfe**
(0820) Von P. Klein, 48 S., 30 Farbfotos, Pappband. ●

Spezialitäten unter knuspriger Decke
**Aufläufe**
(0882) Von C. Adam, 48 S., 33 Farbfotos, Pappband. ●

In Hülle und Fülle **Pasteten und Terrinen**
(0883) Von M. Kirsch, 48 S., 62 Farbfotos, Pappband. ●

Die Krönung der feinen Küche **Saucen**
(0817) Von G. Cavestri, 48 S., 40 Farbfotos, Pappband. ●

Schlank und köstlich
**Spargel**
(1005) Von M. Kirsch, 64 S., 44 Farbfotos, Pappband. ●

**Kochen in höchster Vollendung**
Aus vier Elementen ist alles zusammengefügt (Theophrast). (4291) Von M. Wissing, M. Kirsch, 160 S., 230 Farbfotos, Leinen geprägt mit Schutzumschlag, im Schuber, **DM 98,–**, S 784.–, Fr 90,20

Zaubern mit der schnellen Welle
**Die neue Mikrowellenküche**
(4289) Von F. Faist, 208 S., 188 Farbfotos, Pappband. ●●●

**Ganz und gar mit Mikrowellen**
(4094) Von T. Peters, 208 S., 24 Farbfotos, 12 Zeichnungen, kart. ●●●

Schnell auf den Tisch gezaubert
**Kochen mit Mikrowellen**
(0818) Von A. Danner, 64 S., 52 Farbfotos, Pappband. ●

**Das neue Mikrowellen-Kochbuch**
(0434) Von H. Neu, 80 S., 4 Farbtafeln, 16 s/w Zeichnungen, kart. ●

Natürlich Kochen im
**Mikrowellen-Römertopf**
(0947) Von F. Faist, 96 S., 8 Farbt., kart. ●

**Gesunde Kost aus dem Römertopf**
(0442) Von J. Kramer, 128 S., 8 Farbtafeln, 13 Zeichnungen, kart. ●

**Das neue Fritieren**
geruchlos, schmackhaft und gesund. (0365) Von P. Kühne, 88 S., 8 Farbtafeln, kart. ●

Goldbraun und knusprig
**Fritierte Leckerbissen**
(0868) Von F. Faist, 64 S., 47 Farbfotos, Pappband. ●

**Kochen und backen im Heißluftherd**
Vorteile, Gebrauchsanleitung, Rezepte. (0516) Von K. Kölner, 72 S., 8 Farbt., kart. ●

**Schnell und gut gekocht**
Die tollsten Rezepte für den Schnellkochtopf. (0265) Von J. Ley, 96 S., 8 Farbtafeln, kart. ●

**Pizza, Pasta und die feine italienische Küche**
(4270) Von R. Rudatis, 120 S., 255 Farbfotos, Pappband. ●●

Schlemmerreise durch die
**Italienische Küche**
(4172) Von V. Pifferi. 160 S., 109 Farbfotos, Pappband. ●●●

Schlemmen wie bei Mamma Maria
**Pizzas**
(0815) Von F. Faist, 64 S., 62 Farbfotos, Pappband. ●

**Italienische Küche**
Ein kulinarischer Streifzug mit regionalen Spezialitäten
(5026) Von M. Gutta, 64 S., 35 Farbfotos, Pappband. ●●

**Pasta all'italiana**
(1004) Von I. Seyric, 64 S., 57 Farbfotos, Pappband. ●

Pikantes und Süßes mit französischem Charme
**Bistro-Küche**
(4428) Von V. Müller, 160 S., 130 Farbfotos, Pappband. ●●●

Schlemmerreise durch die
**Französische Küche**
(4296) Von H. Imhof, 160 S., 147 Farbfotos, 3 s/w-Fotos, Pappband. ●●●

**Bocuse à la carte**
Französisch kochen mit dem Meister. (4237) Von P. Bocuse, 88 S., 218 Farbfotos, Pappband. ●●

Videokassette
**Kochschule mit Paul Bocuse**
Der Meisterkoch verrät die Geheimnisse der französischen Küche
(6016) VHS, 60 Min. in Farbe, mit Begleitheft. ●●●●●*

**Französische Küche**
(0685) Von M. Gutta, 96 S., 16 Farbt., kart. ●

Schlemmerreise durch die
**Chinesische Küche**
(4184) Von K. H. Jen, 160 S., 117 Farbfotos, Pappband. ●●●

Verheißungsvoll fernöstlich
**Spezialitäten aus dem Wok**
(0933) Von H. K. Jen, 64 S., 56 Farbfotos, Pappband. ●

**Chinesisch kochen**
mit dem Wok- und Mongolentopf. (0557) Von C. Korn, 64 S., 8 Farbt., kart. ●

Mehr Freude und Erfolg beim **Grillen**
(4141) Von A. Berliner, 160 S., 147 Farbfotos, 10 farbige Zeichnungen, Pappband. ●●●

**Grillen für Genießer**
Fleisch/Fisch/Beilagen/Soßen
(5001) Von E. Fuhrmann, 64 S., 38 Farbfotos, Pappband. ●●

Köstliches von Rost und Spieß **Grillen**
(0931) Von A. Kalcher-Dähn, H. K. Kalcher, 64 S., 43 Farbfotos, Pappband. ●

Die hier vorgestellten Bücher, Videokassetten und Software sind in folgende Preisgruppen unterteilt:

● Preisgruppe bis DM 10,–/S 79,–/Fr.10
●● Preisgruppe über DM 10,– bis DM 20,–, S 80,– bis S 160,–, Fr. 10,– bis Fr. 18,70
●●● Preisgruppe über DM 20,– bis DM 30,–, S 161,– bis S 240,–, Fr. 18,70 bis Fr. 27,70
●●●● Preisgruppe über DM 30,– bis DM 50,–, S 241,– bis S 400,–, Fr. 27,70 bis Fr. 46,–
●●●●● Preisgruppe über DM 50,–/S 401,–/Fr.46,–
*(unverbindliche Preisempfehlung)

Die Preise entsprechen dem Status beim Druck dieses Verzeichnisses (s. Seite 1) – Änderungen, im besonderen der Preise, vorbehalten –

Falken-Verlag GmbH · Postfach 1120 FALKEN D-6272 Niedernhausen/Ts. · Tel.: 06127/7020

**Fondues · Raclettes · Flambiertes**
(4081) Von R. Peiler und M.-L. Schult, 136 S., 15 Farbtafeln, 28 Zeichnungen, kart. ●●

**Fondues**
und fritierte Leckerbissen. (0471) Von S. Stein, 96 S., 8 Farbtafeln, kart. ●

**Rezepte rund um Raclette und Doppeldecker**
(0420) Von J. W. Hochscheid, 72 S., 8 Farbtafeln, kart. ●

Schlemmen in geselliger Runde
**Fleischfondues**
(0966) Von M. Spötter, 64 S., 62 Farbfotos, Pappband. ●

**Fondues und Raclettes**
(4253) Von F. Faist, 160 S., 125 Farbfotos, Pappband. ●●●

**Neue, raffinierte Rezepte mit dem Raclette-Grill**
(0558) Von L. Helger, 72 S., 8 Farbt., kart. ●

Schmelzendes Käsevergnügen **Raclette**
(0881) Von F. Faist, 48 S., 33 Farbfotos, Pappband. ●

Kulinarischer Feuerzauber **Flambieren**
(4294) Von R. Wesseler, 120 S., 100 Farbfotos, Pappband. ●●●

Das köstliche knackige Schlemmervergnügen **Salate**
(4165) Von V. Müller, 160 S., 80 Farbfotos, Pappband. ●●●

Spaghetti, Tagliatelle & Co.
**Neue köstliche Salate**
Erprobte Rezepte mit Pfiff. (0222) Von C. Schönherr, 96 S., 8 Farbtafeln, 30 Zeichnungen, kart. ●

Frisch und leicht als Hauptgericht
**Schlemmersalate**
(0934) Von C. Adam, 64 S., 49 Farbfotos, Pappband. ●

Köstlich frisch auf den Tisch
**Rohkostsalate**
(0865) Von C. Adam, 48 S., 26 Farbfotos, Pappband. ●

Raffiniert und gesund würzen
**Kräuterküche**
(0869) Von A. Görgens, 48 S.,43 Farbfotos, Pappband. ●

**Kräuter- und Heilpflanzen-Kochbuch**
für eine gesunde Lebensweise.
(4066) Von P. Pervenche, 143 S., 15 Farbtafeln, kart. ●●

**Joghurt, Quark, Käse und Butter**
Schmackhaftes aus Milch hausgemacht. (0739) Von M. Bustorf-Hirsch, 32 S., 59 Farbabb., Pappband. ●

**Alles mit Joghurt**
täglich selbstgemacht, mit vielen Rezepten. (0382) Von G. Volz, 64 S., 8 Farbt., kart. ●

Locker, flockig, leicht...
**Müsli & Co**
(0965) Von C. Adam, 64 S., 42 Farbfotos, Pappband. ●

Bärenstark und kerngesund
**Vollwertkost für Kinder**
(0968) Von S. Reiter, 64 S., 44 Farbfotos, Pappband. ●

**Gesunde Ernährung für mein Kind**
(0776) Von M. Bustorf-Hirsch, 112 S., 8 Farbtafeln, 5 s/w-Zeichnungen, kart. ●

**Das Getreidemühlenkochbuch**
(1017) Von M. Burstorf-Hirsch, 112 S., 8 Farbtafeln, kartoniert. ●

**Meine Vollkornküche**
Herzhaftes von echtem Schrot und Korn (0858) Von S. Walz, 96 S., 8 Farbt., kart. ●

**Die abwechslungsreiche Vollwertküche**
Vitaminreich und naturbelassen kochen und backen. (4229) Von M. Bustorf-Hirsch, K. Siegel, 280 S., 31 Farbtafeln, 78 Zeichnungen, Pappband. ●●●●

Die verlockende Alternative
**Süße Vollwertküche**
(0936) Von A. Roßmeier, 64 S., 50 Farbfotos, Pappband. ●

Die gesunde Art, sich zu verwöhnen
**Vollwertküche für Singles**
(0937) Von A. Görgens, 64 S., 43 Farbfotos, Pappband. ●

Dinkel, Hirse, Roggenkorn...
**Kerniges aus der Getreideküche**
(0932) Von S. Frank, 64 S., 49 Farbfotos, Pappband. ●

**Die feine Vollwertküche**
(4286) Von M. Bustorf-Hirsch, 160 S., 83 Farbfotos, Pappband. ●●●

Mit Lust und Liebe...
**Vollwertküche für Genießer**
(4412) Von Prof. Dr. C. Leitzmann, H. Million, 256 S., 329 Farbfotos, Pappband. ●●●

**Naturküche à la carte**
(4406) Von M. Wissing, M. Kirsch, 160 S., 179 Farbfotos, Pappband. ●●●●

**Biologische Ernährung**
für eine natürliche und gesunde Lebensweise. (4125) Von G. Leibold, 136 S., 15 Farbtafeln, 47 Zeichnungen, kart. ●●

Vitaminreich und naturbelassen
**Biologisch Kochen**
(4162) Von M. Bustorf-Hirsch, K. Siegel, 144 S., 15 Farbtafeln, 31 Zeichn. kart. ●●

**Gesund kochen**
wasserarm · fettfrei · aromatisch. (4060) Von M. Gutta, 240 S., 16 Farbtafeln, 88 Abbildungen, Pappband. ●●●

**Die feine Vegetarische Küche**
(4235) Von F. Faist, 160 S., 191 Farbfotos, Pappband. ●●●

**Würzig kochen ohne Salz**
(0922) Von S. Roediger-Streubel, 160 S., 16 Farbtafeln, kart. ●●

**Alternativ essen**
**Die gesunde Sojaküche.**
(0553) Von U. Kolster, 112 S., 8 Farbt., kart. ●

**Kochen mit Tofu**
Die gesunde Alternative. (0894) Von U. Kolster, 80 S., 8 Farbtafeln, kart. ●

**Gesund kochen mit Keimen und Sprossen**
(0794) Von M. Bustorf-Hirsch, 96 S., 4 Farbtafeln, 13 s/w-Zeichnungen, kart. ●

**Keime und Sprossen in der Naturküche**
(4299) Von M. Bustorf-Hirsch, 96 S., 144 Farbfotos, Pappband. ●●

**Backen** mit Lust und Liebe
(4284) Von M. Schumacher, R. Krake, 242 S., 348 Farbfotos, 18 farb. Vignetten, 3 vierseitige Ausklapptafeln, Pappband. ●●●●

**Tortenträume und Kuchenfantasien**
Gebackene Köstlichkeiten originell dekoriert und verziert. (0823) Von F. Faist, 80 S., 150 Farbfotos, kart. ●●

**Waffeln**
Hörnchen, Pfannkuchen und Crêpes. (0522) Von C. Stephan, 64 S., 8 Farbtafeln, kart. ●

**Brotspezialitäten**
knusprig backen/herzhaft kochen
(5088) Von J. W. Hochscheid, L. Helger, 64 S., 48 Farbfotos, Pappband. ●●

Mehr Freude und Erfolg beim
**Brotbacken**
(4148) Von A. und G. Eckert, 160 S., 177 Farbfotos, Pappband. ●●●

**Selbst Brotbacken**
Über 50 erprobte Rezepte. (0370) Von A. und G. Eckert, 80 S., 4 Zeichnungen, 4 Farbtafeln, kart. ●

**Biologisch Backen**
Neue Rezeptideen für Kuchen, Brote, Kleingebäck aus vollem Korn. (4174) Von M. Bustorf-Hirsch, 136 S., 15 Farbtafeln, 47 Zeichnungen, kart. ●●

**Meine Vollkornbackstube**
Brot · Kuchen · Aufläufe. (0616) Von R. Raffelt, 96 S., 4 Farbtafeln, 12 Zeichnungen, kart. ●

Mit Körnern, Zimt und Mandelkern
**Vollkorngebäck**
(0816) Von M. Bustorf-Hirsch, 48 S., 39 Farbfotos, Pappband. ●

Knusprig, kernig, urgesund **Vollkornbrot**
(0938) Von S. Reiter, 64 S., 46 Farbfotos, Pappband. ●

**Weihnachtsbäckerei**
Köstliche Plätzchen, Stollen, Honigkuchen und Festtagstorten. (0682) Von M. Sauerborn, 32 S., 34 Farbfotos, Pappband. ●

**Meine Weihnachtsbackstube**
(5163) Von M. Sauerborn, 32 S., 23 Farbfotos, mit Vorlagebogen in Originalgröße, kart. ●

**Desserts**
Puddings/Joghurts/Fruchtsalate/Eis/Gebäck/Getränke
(5020) Von M. Gutta, 64 S., 41 Farbfotos, Pappband. ●●

Süße Verführungen **Desserts**
(0885) Von M. Bacher, 64 S., 75 Farbfotos, Pappband. ●

Süße Geheimnisse eiskalt gelüftet
**Eis und Sorbets**
(0870) Von H. W. Liebheit, 48 S., 38 Farbfotos, Pappband. ●

Raffiniertes mit
**Eis**
Drinks/Desserts/Eissorten
(1029) Von. F. Hoffmann, 64 S., 74 Farbfotos, Pappband. ●

Zart schmelzende Versuchungen
**Schokolade**
(0819) Von J. Schroer, 48 S., 53 Farbfotos, Pappband. ●

**Mitbringsel aus meiner Küche**
selbst gemacht und liebevoll verpackt. (0668) Von C. Schönherr, 32 S., 30 Farbfotos Pappband. ●

**Marmeladen, Gelees und Konfitüren**
Köstlich wie zu Omas Zeiten – einfach selbstgemacht. (0720) Von M. Gutta, 32 S., 23 Farbfotos, 1 Zeichnung, Pappband. ●

**Einkochen**
Lebensmittel natürlich konservieren
(0405) Von B. Müller, 128 S., 8 Farbtafeln, kart. ●

**Einkochen, Einlegen, Einfrieren**
(4055) Von B. Müller, 152 S., 27 s/w.-Abb., 16 Farbtafeln, kart. ●●

**Haltbarmachen in der Öko-Küche**
Gesunde Konservierungsmethoden für Obst, Gemüse, Kräuter und Pilze. (0932) Von M. Bustorf-Hirsch, 120 S., 92 Farbabb., kart. ●●

**Komm, koch und back mit mir**
Kunterbuntes Kochvergnügen für Kinder. (4285) Von S. und H. Theilig, illustriert von B. v. Hayek, 112 S., 45 Farbabb., Pappband. ●●

**Kinder lernen spielend backen**
(5110) Von M. Gutta, 64 S., 50 Farbfotos, Pappband. ● ●

**Kinder lernen spielend kochen**
Lieblingsgerichte mit viel Spaß selbst zubereitet
(5096) Von M. Gutta, 64 S., 45 Farbfotos, Pappband. ●●

Mit Lust und Liebe
**Kalte Platten & Buffets**
Anrichten und Garnieren
(4427) Von P. Grotz, 176 S., 228 Farbfotos, Pappband. ●●●●

**Garnieren und Verzieren**
(4236) Von R. Biller, 160 S., 329 Farbfotos, 67 Zeichnungen, Pappband. ●●●

Köstlichkeiten für Gäste und Feste
**Kalte Platten**
(4200) Von I. Pfliegner, 160 S., 130 Farbfotos, Pappband. ●●●

Fein und raffiniert
**Canapés und kleine Köstlichkeiten**
(0963) Von H. Imhof, 64 S., 53 Farbfotos, Pappband. ●

**Kalte Happen und Partysnacks**
Canapés, Sandwiches, Pastetchen, Salate und Suppen
(5029) Von D. Peters, 64 S., 44 Farbfotos, Pappband. ●●

**Der perfekt gedeckte Tisch**
(4028) Von H. Tapper, 80 S., 161 Farbfotos, 3 Zeichnungen, kartoniert. ●●

**Der schön gedeckte Tisch**
Vom einfachen Gedeck bis zur Festtafel stimmungsvoll und perfekt arrangiert.
(4246) Von H. Tapper, 112 S., 206 Farbfotos, 1 s/w-Abbildungen, Pappband. ●●●

**Phantasievolle Tischdekorationen selber machen**
(0984) Von Y. Thalheim, H. Nadolny, 80 S., 74 Farbfotos, 21 Zeichnungen, kart. ●●

**Tischkarten dekorativ gestalten**
Aus allerlei Material für viele Anlässe
(0946) Von H. York, 32 S., 108 Farbfotos, Pappband. ●

**Servietten dekorativ falten**
Geschmackvolle Anregungen aus Stoff und Papier. (0804) Von H. Tapper, 32 S., 34 Farbfotos, Pappband. ●

**Tee für Genießer**
Sorten · Riten · Rezepte. (0356) Von M. Nicolin, 64 S., 4 Farbtafeln, kart. ●

**Weinlexikon**
Wissenswertes über die Weine der Welt.
(4149) Von U. Keller, 228 S., 6 Farbtafeln, 195 s/w-Fotos, Pappband. ●●●

**Weine und Säfte, Liköre und Sekt**
Selbstgemacht. (0702) Von P. Arauner, 132 S., 76 Abb., kart. ●●

Fruchtig, spritzig, eisgekühlt
**Mixen ohne Alkohol**
(0935) Von S. Späth, 64 S., 44 Farbfotos, Pappband. ●

**Cocktails**
(4267) Von W. R. Hoffmann, W. Hubert, . Lottring, 160 S., 164 Farbfotos, 1 s/w-Foto, Pappband. ●●●

**Mixgetränke**
mit und ohne Alkohol
(5017) Von C. Arius, 64 S., 35 Farbfotos, Pappband. ●●

**Cocktails und Mixereien**
für häusliche Feste und Feiern. (0075) Von Walker, 96 S., 4 Farbtafeln, kart. ●

**Neue Cocktails und Drinks**
mit und ohne Alkohol. (0517) Von S. Späth, 128 S., 4 Farbtafeln, kart. ●

**Die besten Punsche, Grogs und Bowlen**
(0575) Von F. Dingden, 64 S., 4 Farbt., kart. ●

**SLIM**
Der neue, individuelle Schlankheitsplan
(4277) Von Prof. Dr. E. Menden, W. Aign 120 S., 440 Farbfotos, Pappband. ●●●

Schlank werden nach Dr. Hay **Trennkost**
Die bewährten Vollwert-Rezepte von Ursula Summ. (4298) Von U. Summ, 96 S., 54 Farbfotos, 1 Zeichnung, kart. ●●

**Vitamine und Ballaststoffe**
So ermittle ich meinen täglichen Bedarf
(0746) Von Prof. Dr. M. Wagner, I. Bongartz, 96 S., 6 Farbfotos, zahlreiche farb. Tabellen, kart. ●

**Kalorien – Joule**
Eiweiß · Fett · Kohlenhydrate tabellarisch nach gebräuchlichen Mengen. (0374) Von M. Bormio, 88 S., kart. ●

## Hobby und Freizeit

Falken-Handbuch
**Zeichnen und Malen**
(4167) Von B. Bagnall, 336 S., 1154 Farbabb., Pappband. ●●●●●

Das große farbige PLAKA-Buch
**Malen und Basteln**
(4402) Von H.-J. Giesecke, 192 S., 224 Farbfotos, 20 Farb- und 4 s/w-Zeichnungen, Pappband. ●●

**Einmal grad und einmal krumm**
Zeichenstunden für Kinder. (0599) Von H. Witzig, 144 S., 363 Abb. kart. ●

**Punkt, Punkt, Komma, Strich**
Zeichenstunden für Kinder
(0564) Von H. Witzig, 144 S., über 250 Zeichnungen, kart. ●

**Figürliches Zeichnen**
leicht gemacht
(1010) Von H. Witzig, 112 S., 462 Figuren, kartoniert. ●

**Kalligraphie**
Die Kunst des schönen Schreibens
(4263) Von C. Hartmann, 120 S., 44 Farbvorlagen, 29 s/w-Vorlagen, 2 s/w-Zeichnungen, 38 Farbfotos, Pappband. ●●●●

**Aquarellmalerei**
als Kunst und Hobby (4147) Von H. Haack, B. Wersche, 136 S., 62 Farbfotos, 119 Zeichnungen, Pappband. ●●●●

**Aquarellmalerei leicht gelernt**
Materialien · Techniken · Motive.
(0787) Von T. Hinz, R. Braun, B. Zeidler, 32 S., 38 Farbfotos, 1 Zeichn., Pappband. ●

**Hobby Aquarellmalen**
Landschaft und Stilleben. (0876) Von I. Schade, A. Brück, 80 S., 111 Farbabb., kart. ●●

Videokassette
**Hobby Aquarellmalen**
Landschaft und Stilleben (6022) VHS, 40 Min., in Farbe, mit Begleitheft ●●●●*

**Hobby Ölmalerei**
Landschaft und Stilleben. (0875) Von H. Kämper, I. Becker, 80 S., 93 Farbabb., kart. ●●

Videokassette
**Hobby Ölmalerei**
Landschaft und Stilleben (6025) VHS, 40 Min., in Farbe, mit Begleitheft ●●●●*

**Glasmalerei**
als Kunst und Hobby. (4088) Von F. Krettek und S. Beeh-Lustenberger, 132 S., 182 Farbfotos, 38 Motivvorlagen, Pappband. ●●●●

**Bauernmalerei**
als Kunst und Hobby. (4057) Von A. Gast, H. Stegmüller, 128 S., 239 Farbfotos, 26 Riß-Zeichnungen, Pappband. ●●●●

**Hobby Bauernmalerei**
(0436) Von S. Ramos und J. Roszak, 80 S., 116 Farbf. und 28 Motivvorlagen, kart. ●●

**Bauernmalerei**
Kreatives Hobby nach alter Volkskunst
(5039) Von S. Ramos, 64 S., 85 Farbfotos, Pappband. ●●

**Seidenmalerei in Vollendung**
(4414) Hrsg. von R. Smend, 160 S., 227 Farbfotos, 36 s/w-Fotos, geprägter Leineneinband mit Schutzumschlag, im Schuber, **DM 98,–**, S 784,–, Fr 90,20

**Seidenmalerei als Kunst und Hobby**
(4264) Von S. Hahn, 136 S., Farbabb., 1 s/w-Foto, Pappband. ●●●●

**Hobby Seidenmalerei**
(0611) Von R. Henge, 88 S., 106 Farbfotos, 28 Zeichnungen, kart. ●●

**Neue zauberhafte Seidenmalerei**
Motive und Anregungen aus der Natur.
(0924) Von R. Henge, 80 S., 148 Farbfotos, 27 s/w-Zeichnungen, kart. ●●

**Kunstvolle Seidenmalerei**
Mit zauberhaften Ideen zum Nachgestalten
(0783) Von I. Demharter, 32 S., 56 Farbfotos, Pappband. ●

**Zauberhafte Seidenmalerei**
Materialien · Techniken · Gestaltungsvorschläge. (0664) Von E. Dorn, 32 S., 62 Farbfotos, Pappband. ●

**Aquarellieren auf Seide**
Materialien · Techniken · Motive
(0917) Von I. Demharter, 32 S., 41 Farbfotos, Pappband. ●

**Seidenmalerei Landschaften**
(5153) Von D. Kosik, 32 S., 50 Farbfotos, 12 Zeichnungen, mit Vorlagebogen in Originalgröße, kart. ●

**Seidenmalerei Kissen**
(5151) Von I. Demharter, 32 S., 42 Farbfotos, 2 Zeichnungen, mit Vorlagebogen in Originalgröße, kart. ●

**Seidenmalerei Blusen und T-Shirts**
(5184) Von A. Keller, 32 S., 28 Farbfotos, 12 Zeichnungen, mit Vorlagebogen in Originalgröße, kartoniert. ●

**Seidenmalerei Tücher und Schals**
(5152) Von R. Henge, 32 S., 36 Farbfotos, 1 Zeichnung, mit Vorlagebogen in Originalgröße, kart. ●

**Seidenmalerei Lampenschirme**
(5154) Von I. Walter-Ammon, 32 S., 47 Farbfotos, 1 Zeichnung, mit Vorlagebogen in Originalgröße, kart. ●

**Seidenmalerei Blüten, Blätter, Ranken**
(5165) Von D. Kosik, 32 S., 35 Farbfotos, 4 Zeichnungen, mit Vorlagebogen in Originalgröße, kart. ●

**Seidenmalerei Schmuckkarten und Miniaturbilder**
(5166) Von I. Walter-Ammon, 32 S., 37 Farbfotos, 2 Zeichnungen, mit Vorlagebogen in Originalgröße, kart. ●

**Seidenmalerei Bilder in Konturentechnik**
(5182) Von I. Demharter, 32 S., 28 Farbfotos, 2 Zeichnungen, mit Vorlagebogen in Originalgröße, kartoniert. ●

Falken-Handbuch **Häkeln**
ABC der Häkeltechniken und Häkelmuster in ausführlichen Schritt-für-Schritt-Bildfolgen.
(4194) Von H. Fuchs, M. Natter, 288 S., 1073 Farbabb., Pappband. ●●●●

Das moderne Standardwerk von der Expertin
**Perfekt Stricken**
Mit Sonderteil Häkeln. (4250) Von H. Jaacks, 256 S., 703 Farbfotos, 169 Farb- und 121 s/w-Zeichnungen, Pappband. ●●●

Videokassette
**Perfekt Stricken**
Neue Techniken Schritt für Schritt vorgestellt von H. Jaacks, 51 Min., in Farbe, mit Begleitheft. ●●●●*

Falken-Handbuch **Stricken**
ABC der Stricktechniken und Strickmuster in ausführlichen Schritt-für-Schritt-Bildfolgen. (4137) Von M. Natter, 312 S., 106 Farb- und 922 s/w-Fotos, 318 Zeichnungen, Pappband. ●●●●

**Hobby Patchwork und Quilten**
(0768) Von B. Staub-Wachsmuth, 80 S., 108 Farbabb., 43 Zeichnungen, kart. ●●

**Hobby Applikationen**
Materialien · Techniken · Modelle
(0899) Von H. Probst-Reinhardt, 80 S., 92 Farbfotos, 31 Zeichnungen, kart. ●●

**Hobby Spitzencollagen**
Bezaubernde Motive aus edlem Material
(0847) Von H. Westphal, 80 S., 186 Farbfotos, kart. ●●

Falken-Handbuch **Nähen**
Abc der Nähtechniken und kreative Modellschneiderei in ausführlichen Schritt-für-Schritt-Bildfolgen. (4272) Von A. Bree, 320 S., 1142 Abbildungen, Schnittmusterbogen für alle Modelle, Pappband. ●●●●

**Kreatives Bilderweben**
Materialien · Vorlagen · Motive
(0814) Von A. Schulte-Huxel, 32 S., 58 Farbfotos, 8 Zeichnungen, Pappband. ●

**Die schönsten Handarbeiten zum Verschenken**
(4225) Von B. Wenzelburger, 128 S., 156 Farbfotos, 70 zweifarbige Zeichnungen, Pappband. ●●●●

**Zauberhafte alte Puppen**
Sammeln · Restaurieren · Nachbilden
(4255) Von C.A. Stanton, J. Jacobs, 120 S., 157 Farbfotos, 24 Zeichnungen, Pappband. ●●●●

**Hobby Puppen**
Bezaubernde Modelle selbst gestalten
(0742) Von B. Wenzelburger, 88 S., 163 Farbfotos, 41 Zeichn., 11 Schnittmuster, kart. ●●

**Selbstgestrickte Puppen**
Materialien und Arbeitsanleitungen
(0638) Von B. Wehrle, 32 S., 21 Farbfotos, 24 Zeichnungen, Pappband. ●

**Kuscheltiere stricken und häkeln**
Arbeitsanleitungen und Modelle. (0734) Von B. Wehrle, 32 S., 60 Farbfotos, 28 Zeichnungen, Spiralbindung. ●

**Phantasiepuppen stricken und häkeln**
Märchenhafte Modelle mit Arbeitsanleitungen. (0813) Von B. Wehrle, 32 S., 26 Farbfotos, 46 Zeichnungen, Pappband. ●

**Dekorative Rupfenpuppen**
Arbeitsanleitungen und Gestaltungsvorschläge. (0733) Von B. Wenzelburger, 32 S., 57 Farbfotos, 14 Zeichnungen, Spiralbindung. ●

**Teddybären**
Sechs beliebte Modelle
(5159) Von Y. Thalheim, H. Nadolny, 32 S., 46 Farbfotos, 9 Zeichnungen, mit Vorlagebogen in Originalgröße, kart. ●

**Heißgeliebte Teddybären**
Selbermachen · Sammeln · Restaurieren. (0900) Von H. Nadolny, Y. Thalheim, 80 S., 119 Farbfotos, 23 s/w-Zeichnungen, 14 S. Schnittmusterbogen, kart. ●●

**Hobby Salzteig**
(0662) Von I. Kiskalt, 80 S., 150 Farbfotos, 5 Zeichnungen, Schablonen, kart. ●●

**Neue zauberhafte Salzteig-Ideen**
(0719) Von I. Kiskalt, 80 S., 324 Farbfotos, 12 Zeichnungen, Schablonen, kart. ●●

**Kreatives Gestalten mit Salzteig**
Originelle Motive für Fortgeschrittene (0769) Hrsg. I. Kiskalt, 80 S., 168 Farbfotos, kart. ●●

Originell und dekorativ
**Salzteig mit Naturmaterialien**
(0833) Von A. und H. Wegener, 80 S., 166 Farbfotos, kart. ●●

**Salzteig kinderleicht**
(0973) Von I. Kiskalt, 80 S., 224 Farbfotos, 8 Zeichnungen, kart. ●●

**Gestalten mit Salzteig**
formen · bemalen · lackieren. (0613) Von W.-U. Cropp, 32 S., 56 Farbfotos, 17 Zeichnungen, Pappband. ●

Videokassette
**Hobby Salzteig**
(6010) VHS, in Farbe, 35 Min., mit Begleitheft. ●●●

**Schöne Sachen modellieren**
Originelles aus Cernit – ideenreich gestaltet (0762) Von G. Thelen, 32 S., 105 Farbfotos, Pappband. ●

**Töpfern**
als Kunst und Hobby. (4073) Von J. Fricke, 132 S., 37 Farbfotos, 222 s/w-Fotos, Pappband. ●●●●

Kreatives Gestalten mit Ton
**Töpfern ohne Scheibe – Aufbaukeramik**
(0896) Von A. Riedinger, 80 S., 207 Farbfotos, 16 Zeichnungen, 7 Vignetten, kart. ●●

Kreatives Gestalten mit Ton
**Töpfern auf der Scheibe**
(0971) Von A. Riedlinger, 80 S., 28 Farb- und 3 s/w-Zeichng., 178 Farbfotos, kartoniert. ●●

**Hobby Glaskunst in Tiffany-Technik**
(0781) Von N. Köppel, 80 S., 194 Farbfotos, 6 s/w-Abb., kart., ●●

**Tiffany-Lampen selbermachen**
Arbeitsanleitung · Materialien · Modelle
(0684) Von I. Spliethoff, 32 S., 60 Farbfotos, 19 Zeichnungen, Pappband. ●

**Tiffany-Spiegel selbermachen**
Materialien · Arbeitsanleitung · Vorlagen
(0761) Von R. Thomas, 32 S., 53 Farbabb., Pappband. ●

**Fensterbilder in Tiffany-Technik**
(5168) Von P. Matz, 32 S., 43 Farbfotos, mit Vorlagebogen in Originalgröße, kart. ●

**Tiffany-Schmuck selbermachen**
Materialien · Arbeitsanleitungen · Modelle
(0871) Von B. Poludniak, H. W. Scheib, 32 S., 55 Farbfotos, Pappband. ●

**Tiffany-Technik**
und andere kunstvolle Arbeiten in Glas
(0972) Von. D. Köhnen, 80 S., 176 Farbfotos, 5 s/w-Zeichnungen, kart. ●●

**Tiffany-Gürtelschnallen**
(5160) Von G.G. Scheib, R. Grella, 32 S., 52 Farbfotos, 1 Zeichnung, mit Vorlagebogen in Originalgröße, kart. ●

**Schmuck, Accessoires und Dekoratives**
aus Fimo modelliert. (0873) Von A. Aurich, 32. S., 54 Farbfotos, Pappband. ●

**Modeschmuck mit Federn und Straß**
(5167) Von J. Niemeier, 32 S., 41 Farbfotos, mit Vorlagebogen in Originalgröße, kart. ●

**Modeschmuck in vielen Variationen**
(5180) Von A. Hahn, 32 S., 39 Farbfotos, 3 Zeichnungen, mit Vorlagebogen in Originalgröße, kartoniert. ●

**Exklusiver Modeschmuck**
aus dem eigenen Atelier
(0925) Von J. Niemeier, J. Klein, 80 S., 141 Farbfotos, 25 Zeichnungen, kart. ●●

**Gestalten mit Glasperlen**
fädeln · sticken · weben (0640) Von A. Köhler, 32 S., 55 Farbfotos, Spiralbindung. ●

**Masken**
phantasievoll dekorieren
(5155) Von Chr. Familler, 32 S., 48 Farbfotos, mit Vorlagebogen in Originalgröße, kart. ●

**Bastelspaß mit der Laubsäge**
Mit Schnittmusterbogen für viele Modelle in Originalgröße. (0741) Von L. Giesche, M. Bausch, 32 S., 61 Farbfotos, 7 Zeichnungen, Schnittmusterbogen, Pappband. ●

**Strohschmuck selbstgebastelt**
Sterne, Figuren und andere Dekorationen
(0740) Von E. Rombach, 32 S., 60 Farbfotos, 17 Zeichnungen, Pappband. ●

**Hobby Drachen**
bauen und steigen lassen. (0767) Von W. Schimmelpfennig, 80 S., 1 dreiseitige Ausklapptafel, 55 Farbfotos, 139 Zeichnungen kart. ●●

**Lenkdrachen**
bauen und fliegen
(1011) Von W. Schimmelpfennig, 64 S., 51 Farbfotos und 126 Zeichnungen, kartoniert. ●●

**Drachen**
Einfache Modelle für Kinder
(5156) Von W. Schimmelpfennig, 32 S., 11 Farbfotos, 31 Zeichnungen, mit Vorlagebogen in Originalgröße, kart. ●

Das große farbige
**Bastelbuch für Kinder**
(4254) Von U. Barff, I. Burkhardt, J. Maier. 224 S., 157 Farbfotos, 430 Farb- und 60 s/w-Zeichnungen, mit Schnittmusterbogen, Pappband. ●●●

Videokassette
**Basteln mit Kindern**
(6041) VHS, 60 Min., in Farbe, mit Begleitheft, ●●●●*

**Hobby Origami**
Papierfalten für groß und klein
(0756) Von Z. Aytüre-Scheele, 80 S., 820 Farbfotos, kart. ●●

**Neue zauberhafte Origami-Ideen**
Papierfalten für groß und klein
(0805) Von Z. Aytüre-Scheele, 80 S., 720 Farbfotos, kart. ●●

**Origami –**
Die Kunst des Papierfaltens. (0280) Von R. Harbin, 112 S., 633 Zeichnungen, 9 Fotos, kart. ●

**Heut basteln wir mit Pappe und Papier**
(4413) Von U. Barff, J. Maier, 224 S., 117 Farbfotos, 480 Farbzeichnungen, 25 s/w-Abbildungen, mit Schnittmusterbogen, Pappband. ●●●

**Schritt für Schritt zum Scherenschnitt**
Materialien · Techniken · Gestaltungsvorschläge. (0732) Von H. Klingmüller, 32 S., 38 Farbfotos, 34 Vorlagen, Pappband. ●

**Fensterbilder in Scherenschnitt**
(5169) Von A. Hahn, 32 S., 52 Farbfotos, 3 s/w-Fotos, mit Vorlagebogen in Originalgröße, kart. ●

**Fensterbilder aus Papier**
(5158) Von E. Rüscher, 32 S., 39 Farbfotos, 5 Zeichnungen, mit Vorlagebogen in Originalgröße, kart. ●

**Märchenhafte Fensterbilder**
(5185) Von J. Maier, 32 S., 37 Farbfotos, mit Vorlagebogen in Originalgröße, kartoniert. ●

**Fensterbilder Blumen und Tiere**
(5186) Von M. Twachtmann, 32 S., 41 Farbfotos, 3 Zeichnungen, mit Vorlagebogen in Originalgröße, kartoniert. ●

**Papierflieger**
(5157) Von T. Gött, 32 S., 73 Farbfotos, 19 Zeichnungen, mit Vorlagebogen in Originalgröße, kart. ●

**Mobiles aus Papier**
(5183) Von J. Maier, 32 S., 17 Farbfotos, 35 Farbzeichnungen, mit Vorlagebogen in Originalgröße, kartoniert. ●

**Schachteln basteln und dekorieren**
(5170) Von Chr. Adjano, 32 S., 55 Farbfotos, mit Vorlagebogen in Originalgröße, kart. ●

**Die große Schachtelparade**
(4438) Von Present Team, 16 vierfarbige Bogen 250-g-Karton mit Schachtelstanzung mit 4 S. Einleitung. ●●●

Deco Art
**Die Kunst, Geschenke zu verpacken**
(0949) Von B. Niermann, 80 S., 78 Farbfotos, 91 Zeichnungen, kart. ●●

Originelles Ambiente für Gäste
**Festdekorationen**
(1049) Von B. Niermann, 80 S., 125 Farbfotos, 59 Farbzeichng., kartoniert. ●●

**Tischkarten dekorativ gestalten**
aus allerlei Material für viele Anlässe
(0946) Von H. York, 32 S., 108 Farbfotos, Pappband. ●

**Glückwunschkarten**
(5179) Von A. Kolb, B. Michel, 32 S., 54 Farbfotos, mit Vorlagebogen in Originalgröße, kartoniert.

Altes Brauchtum neu entdeckt
**Schmuck-Eier**
Kunstvoll gestalten und verzieren. (0919) Von I. Kiskalt, 32 S., 45 Farbfotos, 3 s/w-Zeichnungen, Pappband. ●

**Basteln für Ostern**
(5164) Von Chr. Adjano, 32 S., 47 Farbfotos, mit Vorlagebogen in Originalgröße, kart. ●

Alle Jahre wieder…
**Advent und Weihnachten**
Basteln, Backen, Schmücken, Singen, Vorlesen, Feiern
(4260) Von H. und Y. Nadolny, 256 S., 105 Farbfotos, 130 Zeichn., Pappband. ●●●

**Basteln für Weihnachten**
(5162) Von Chr. Adjano, 32 S., 44 Farbfotos, mit Vorlagebogen in Originalgröße, kart. ●

**Fensterdekorationen für die Weihnachtszeit**
(5181) Von Y. Thalheim, H. Nadolny, 32 S., 33 Farbfotos, mit Vorlagebogen in Originalgröße, kartoniert. ●

**Adventskalender**
(5178) Von Y. Thalheim, H. Nadolny, 32 S., 35 Farbfotos, mit Vorlagebogen in Originalgröße, kartoniert. ●

**Weihnachtsbasteleien**
Advents- und Weihnachtsschmuck für groß und klein
(0667) Von M. Kühnle und S. Beck, 32 S., 56 Farbfotos, 6 Zeichnungen, Pappband. ●

Feuerzeichen behaglicher Wohnkultur
**Kachelöfen, Kamine und Kaminöfen**
(4288) Hrsg. von C. Berninghaus. Von R. Heinen, G. Kosicek, H.P. Sabborrosch, 168 S., 291 Farbfotos, 2 s/w-Fotos, 8 Zeichnungen, Pappband. ●●●●

**Garagentore selbst bemalt**
Techniken und Motive.(0786) Von H. und Y. Nadolny, 32 S., 34 Farbfotos, 12 s/w-Zeichnungen, Pappband. ●

Falken Handbuch
**Heimwerken**
Reparieren und Selbermachen im Haus und Wohnung – über 1100 Farbfotos. Praktische Tips vom Profi: Selbermachen, Reparieren, Renovieren, Kostensparen. (4117) Von Th. Pochert, 440 S., 1103 Farbfotos, 100 ein- und zweifarbige Abb., Pappband. ●●●●

**Restaurieren von Möbeln**
Stilkunde, Materialien, Techniken, Arbeitsanleitungen in Bildfolgen.
(4120) Von E. Schnaus-Lorey, 152 S., 37 Farbfotos, 75 s/w-Fotos, 352 Zeichnungen, Pappband. ●●●●

**Möbel aufarbeiten, reparieren und pflegen**
(0386) Von E. Schnaus-Lorey, 96 S., 28 Fotos, 101 Zeichnungen, kart. ●

FALKEN-Heimwerker-Praxis
**Kleinmöbel aus Holz**
(0905) Von O. Maier, 128 S., 210 Farbfotos, 80 Zeichnungen, kart. ●●

FALKEN-Heimwerker-Praxis
**Anstreichen und Lackieren**
(0771) Von P. Müller, 120 S., 196 Farbfotos, 2 s/w-Fotos, 3 Zeichnungen, kart. ●●

FALKEN-Heimwerker-Praxis
**Elektroarbeiten**
(0975) Von K.H. Schubert, 120 S., 193 Farbfotos, 40 Zeichnungen, kart. ●●

Falken-Heimwerker-Praxis
**Mofa- und Moped-Reparaturen**
(1008) Von T. Kohlmey, 128 S., 280 Farbabbildg. und Zeichng., kartoniert. ●●

FALKEN-Heimwerker-Praxis
**Fahrrad-Reparaturen**
(0796) Von R. van der Plas, 112 S., 140 Farbfotos, 113 farbige Zeichnungen, kart. ●●

**Ikebana**
Einführung in die japanische Kunst des Blumensteckens. (0548) Von G. Vocke, 152 S., 47 Farbfotos, kart. ●●

**Blütenbilder aus Blumen und Blättern**
Phantasievolle Naturcollagen
(0872) Von G. Schamp, 32 S., 57 Farbfotos, 1 Zeichnung, Pappband. ●

**Hobby Gewürzsträuße**
und zauberhafte Gebinde nach Salzburger Art. (0726) Von A. Ott, 80 S., 101 Farbfotos, 51 farbige Zeichnunen, kart. ●●

**Hobby Trockenblumen**
Gewürzsträuße, Gestecke, Kränze, Buketts. (0643) Von R. Strobel-Schulze, 88 S., 170 Farbfotos, kart. ●●

**Neue zauberhafte Trockenblumen-Ideen**
(0821) Von R. Strobel-Schulze, 80 S., 163 Farbfotos, kart. ●●

**Dauergestecke**
mit Zweigen, Trocken- und Schnittblumen
(5211) Von G. Vocke, 64 S., 57 Farbfotos, Pappband. ●●

**Schminken für Kinder**
(5177) Von Y. Thalheim, H. Nadolny, 32 S., 68 Farbfotos, mit Vorlagebogen in Originalgröße, kartoniert. ●

Mit vollem Genuß
**Pfeife rauchen**
Alles über Tabaksorten, Pfeifen und Zubehör
(4227) Von H. Behrens, H. Frickert, 168 S., 127 Farbfotos, 18 Zeichn., Pappband. ●●●●

**Pfeiferauchen leicht gemacht**
Die richtige Art, Tabak zu genießen
(1026) Von O. Pollner, Ca. 112 S., ca. 120 Farbfotos, ca. 4 s/w-Abb., kart. ●●

**Münzen**
Ein Brevier für Sammler. (0353) Von E. Dehnke, 128 S., 4 Farbtafeln, 17 s/w-Abb., kart. ●●

Die Fazination der Philatelie
**Briefmarken sammeln**
(4273) Von D. Stein, 212 S., 124 s/w-Fotos, 24 Farbtafeln, Pappband. ●●●

**Briefmarken sammeln**
(0481) Von D. Stein. 120 S., 4 Farbtafeln, 98 s/w-Abb., kart. ●

**Freizeit mit dem Mikroskop**
(0291) Von M. Deckart, 132 S., 8 Farbtafeln, 64 s/w-Abb., 2 Zeichnungen, kart. ●●

Astronomie im Bild
**Unser Sternenhimmel rund ums Jahr**
(0849) Von Dr. E. Übelacker, 88 S., 48 Farbfotos, 1 s/w-Foto, 68 Farbzeichn., kart. ●●

**Astronomie als Hobby**
Sternbilder und Planeten erkennen und benennen. (0572) Von D. Block, 176 S., 16 Farbtafeln, 49 s/w-Fotos, 93 Zeichnungen, kart. ●●

**Moderne Fotopraxis**
(4401) Von G. Koshofer, Prof. H. Wedewardt, 224 S., 363 Farbfotos, 106 s/w-Fotos, 5 Farb- und 24 s/w-Zeichnungen, Pappband. ●●●

**Mach dir ein Bild**
Praxistips für Foto, Film und Video
(4410) Von G. Staab, 208 S., 202 Farbfotos, 175 s/w-Fotos, 1 Zeichnung, Pappband. ●●●

**So macht man bessere Fotos**
Das meistverkaufte Fotobuch der Welt
(0614) Von M. L. Taylor, 192 S., 457 Farbfotos, 8 s/w-Fotos, 7 Zeichnungen, kart. ●●

**Aktfotografie**
Interpretationen zu einem unerschöpflichen Thema. Gestaltung · Technik · Spezialeffekte. (0737) Von H. Wedewardt, 88 S., 144 Farb- und 6 s/w-Fotos, 6 Zeichnungen, kart. ●●

Videokassette
**Aktfotografie**
Gestaltung, Technik, Spezialeffekte
(6001) VHS, Laufzeit 60 Min., mit Begleitheft, in Farbe. ●●●●●*

**Videografieren**
Filmen mit Video 8. Technik – Bildgestaltung – Schnitt – Vertonung. (0843) Von M. Wild, K. Möller, 120 S., 101 Farbfotos, 22 s/w-Fotos, 52 Zeichnungen, kart. ●●

Videokassette
**Videografieren**
Filmen mit Video 8. Technik – Bildgestaltung - Schnitt - Vertonung. (6031) VHS, (6033) Beta, (6034) Video 8, 60 Min., in Farbe, mit Begleitheft. ●●●●●*

**Videografieren perfekt**
Profitricks für Aufnahmetechnik und Nachbearbeitung
(0969) Von W. Schild, 120 S., 144 Farbabb., 5 s/w-Zeichnungen, kart. ●●●

Videokassette
**Videografieren perfekt**
(6042) VHS, (6043) Beta, (6044) Video 8, 60 Min., in Farbe, mit Begleitheft, ●●●●●*

**Schmalfilmen**
Ausrüstung · Aufnahmepraxis · Schnitt · Ton. (0342) Von U. Ney, 108 S., 4 Farbtafeln, 25 s/w-Fotos, kart. ●

**Schmalfilme selbst vertonen**
(0593) Von U. Ney, 96 S., 57 s/w-Fotos, 14 Zeichnungen, kart. ●

**Anlagenbau in Modultechnik**
für Modelleisenbahnen und Dioramen. (0845) Von J. Thal, 104 S., 68 Farbfotos, 28 Zeichnungen, kart. ●●●

Videokassette
**Die Modelleisenbahn**
Anlagenbau in Modultechnik. Neue kreative Gestaltung. Neue raffinierte Techniken. (6028) VHS, 30 Min., in Farbe, ●●●●*

**Kleine Welt auf Rädern**
Das faszinierende Spiel mit **Modelleisenbahnen** (4175) Von F. Eisen, 256 S., 72 Farb- und 180 s/w-Fotos, 25 Zeichnungen, Pappband. ●●●

**Flugmodelle**
bauen und einfliegen (0361) Von W. Thies und W. Rolf, 160 S., 63 Abb., 7 Faltpläne, kart. ●●

**Elektronik als Hobby**
Von der Grundlagenschaltung zum integrierten Schaltkreis
Mit 8 wichtigen Universalplatinen
(4293) Von W. Priesterath, 264 S., 80 s/w-Fotos, 128 Zeichn., Pappband. ●●●

**Die Super-Sportwagen der Welt**
(4423) Von H.G. Isenberg, 194 S., 184 Farbfotos, 4 farbige Ausklapptafeln, 32 s/w-Fotos, Pappband. ●●●●

**Die Super Oldtimer der Welt**
(4465) Von H. G. Isenberg, 194 S., 161 Farb- und 36 s/w-Fotos, 4 Ausklapptafeln, Pappband. ●●●●

**Die Super-Trucks der Welt**
(4257) Von H. G. Isenberg, 194 S., 205 Farbfotos, 87 s/w-Fotos, 7 Farbzeichnungen, 4 farb. Ausklapptafeln, Pappband. ●●●●

**Die Super-Motorräder der Welt**
(4193) Von H. G. Isenberg, 192 S., 170 Farb- und 100 s/w-Fotos, 8 Zeichnungen, Pappband. ●●●●

**Die Super-Eisenbahnen der Welt**
(4287) Von W. Kosak, H. G. Isenberg, 224 S., 269 Farbfotos, 79 s/w-Fotos, 8 Vignetten, 5 farb. Ausklapptafeln, Pappband. ●●●●

## Sport und Fitneß

**Neue Lehrmethoden der Judo-Praxis**
(0424) Von P. Herrmann, 223 S., 475 Abb., kart. ●●

**Judo**
Grundlagen - Methodik. (0305) Von M. Ohgo, 208 S., 1025 Fotos, kart. ●●

**Fußwürfe**
für Judo, Karate und Selbstverteidigung. (0439) Von H. Nishioka, übers. von H.J. Heese, 96 S., 260 Abb., kart. ●

**Modernes Karate**
Das große Standardwerk mit 2279 Abbildungen. (4280) Von T. Okazaki, Dr. med. M. V. Stricevic, übers. von M. Pabst, 376 S., 2279 s/w-Abb., Pappband. ●●●●●

**Nakayamas Karate perfekt 1**
Einführung. (0487) Von M. Nakayama, 136 S., 605 s/w-Fotos, kart. ●●

**Nakayamas Karate perfekt 2**
Grundtechniken. (0512) Von M. Nakayama, 136 S., 354 s/w-Fotos, 53 Zeichn., kart. ●●

**Nakayamas Karate perfekt 3**
Kumite 1: Kampfübungen. (0538) Von M. Nakayama, 128 S., 424 s/w-Fotos, kart. ●●

**Nakayamas Karate perfekt 4**
Kumite 2: Kampfübungen. (0547) Von M. Nakayama, 128 S., 394 s/w-Fotos, kart. ●●

**Nakayamas Karate perfekt 5**
Kata 1: Heian, Tekki. (0571) Von M. Nakayama, 144 S., 1229 s/w-Fotos, kart. ●●

**Nakayamas Karate perfekt 6**
Kata 2: Bassai-Dai, Kanku-Dai, (0600) Von M. Nakayama, 144 S., 1300 s/w-Fotos, 107 Zeichnungen, kart. ●●

**Nakayamas Karate perfekt 7**
Kata 3: Jitte, Hangetsu, Empi. (0618) Von M. Nakayama, 144 S., 1988 s/w-Fotos, 105 Zeichnungen, kart. ●●

**Nakayamas Karate perfekt 8**
Gankaku, Jion. (0650) Von M. Nakayama, 144 S., 1174 s/w-Fotos, 99 Zeichnungen, kart. ●●

**Karate für alle**
Karate-Selbstverteidigung in Bildern. (0314) Von A. Pflüger, 112 S., 356 s/w-Fotos, kart. ●

Fit mit **Karate**
(2308) Von A. Pflüger, 96 S., 134 Farbfotos, 4 s/w-Zeichnungen, kart. ●●

**25 Shotokan-Katas**
Auf einen Blick: Karate-Katas für Prüfungen und Wettkämpfe. (0859) Von A. Pflüger, 88 S., 185 s/w-Abb., 24 ganzseitige Tafeln mit über 1.600 Einzelschritten, kart. ●●

**Kontakt-Karate**
Ausrüstung · Technik · Training. (0396) Von A. Pflüger, 112 S., 238 s/w-Fotos, kart. ●●

**Karate-Do**
Das Handbuch des modernen Karate. (4028) Von A. Pflüger, 360 S., 1159 Abb., Pbd. ●●●●

**Bo-Karate**
Habo-Jitsu – die Techniken des Stockkampfes. (0447) Von G. Stiebler, 176 S., 424 s/w-Fotos, 38 Zeichnungen, kart. ●●

Videokassette
**Karate**
Einführung und Grundtechniken
(6037) VHS, 45 Min., in Farbe, mit Begleitheft. ●●●●*

**Karate 1**
Einführung · Grundtechniken. (0227) Von A. Pflüger, 144 S., 195 s/w-Fotos, 120 Zeichnungen, kart. ●

**Karate 2**
Kombinationstechniken · Katas. (0239) Von A. Pflüger, 176 S., 452 s/w-Fotos und Zeichnungen,kart. ●

**Karate Kata 1**
Heian 1–5, Tekki 1, Bassai Dai. (0683) Von W.-D. Wichmann, 164 S., 703 s/w-Fotos, kart. ●●

**Karate Kata 2**
Jion, Empi, Kanku-Dai, Hangetsu. (0723) Von W.-D. Wichmann, 140 S., 661 s/w-Fotos, 4 Zeichnungen, kart. ●●

Der König des Kung-Fu
**Bruce Lee**
Sein Leben und Kampf. (0392) Von L. Lee, 136 S., 104 s/w-Fotos, kart. ●●

**Bruce Lees Kampfstil 1**
Grundtechniken. (0473) Von B. Lee, M. Uyehara, 109 S., 220 Abb., kart. ●

**Bruce Lees Kampfstil 2**
Selbstverteidigungs-Techniken. (0486) Von B. Lee, M. Uyehara, 128 S., 310 Abb., kart. ●

**Bruce Lees Kampfstil 3**
Trainingslehre. (0503) Von B. Lee, M. Uyehara, 112 S., 246 Abb., kart. ●

**Bruce Lees Kampfstil 4**
Kampftechniken (0523) Von B. Lee, M. Uyehara, 104 S., 211 Abb., kart. ●

**Kung-Fu 1**
Legende · Philosophie · Grundtechniken (0891) Von Chr. Yim, 152 S., 401 s/w-Fotos, 2 s/w-Zeichnungen, kart. ●●

**Kung-Fu und Tai-Chi**
Grundlagen und Bewegungsabläufe. (0367) Von B. Tegner, 182 S., 370 s/w-Fotos, kart. ●●

**Kung-Fu**
Grundlagen · Bewegungsabläufe · Körperschule. (0376) Von M. Pabst, 160 S., 330 Abb., kart. ●●

**Bruce Lees Jeet Kune Do**
(0440) Von B. Lee, 192 S., mit 105 eigenhändigen Zeichnungen von B. Lee, kart. ●●

**Shaolin-Kempo – Kung-Fu**
Chinesisches Karate im Drachenstil. (0395) Von R. Czerni, K. Konrad, 246 S., 723 Abb., kart. ●●

**Kickboxen**
Fitneßtraining und Wettkampfsport. (0795) Von G. Lemmens, 96 S., 208 s/w-Fotos, 23 Zeichnungen, kart. ●●

**Ninja 1**
Die Lehre der Schattenkämpfer. (0758) Von S.K. Hayes, übers. von J. Schmit, 144 S., 137 s/w-Fotos, kart. ●●

**Ninja 2**
Die Wege zum Shoshin (0763) Von S.K. Hayes, übers. von J. Schmit, 160 S., 309 s/w-Fotos, 2 Zeichnungen, kart. ●●

**Ninja 3**
Der Pfad des Togakure-Kämpfers. (0764) Von S.K. Hayes, übers. von J. Schmit, 144 S., 197 s/w-Fotos, 2 Zeichnungen, kart. ●●

**Ninja 4**
Das Vermächtnis der Schattenkämpfer (0807) Von S.K. Hayes, übers. von J. Schmit, 196 S., 466 s/w-Fotos, kart. ●●

**Taekwondo perfekt 1**
Die Formenschule bis zum Blaugurt (0890) Von K. Gil, Kim Chul-Hwan, 176 S., 439 s/w-Fotos, 107 Zeichnungen, kart. ●●

**Taekwondo perfekt 2**
Die Formenschule vom Blau- bis zum Schwarzgurt
(0976) Von K. Gil, K. Chul-Hwan, 192 S., 461 s/w-Fotos, 112 Zeichnungen, kart. ●●

**Illustriertes Handbuch des Taekwondo**
Koreanische Kampfkunst und Selbstverteidigung. (4053) Von K. Gil, 248 S., 1026 Abb., Pappband. ●●●

**Taekwon-Do**
Koreanischer Kampfsport. (0347) Von K. Gil, 152 S., 408 Abb., kart. ●●

**Ju-Jutsu als Wettkampf**
(0826) Von G. Kulot, 168 S., 418 s/w-Fotos, 2 Zeichnungen, kart. ●●

**Ju-Jutsu 1**
Grundtechniken - Moderne Selbstverteidigung. (0276) Von W. Heim, F.J. Gresch, 164 S., 450 s/w-Fotos, 8 Zeichn., kart. ●

**Ju-Jutsu 2**
für Fortgeschrittene und Meister. (0378) Von W. Heim, F. J. Gresch, 160 S., 798 s/w-Fotos, kart. ●●

**Ju-Jutsu 3**
Spezial-, Gegen- und Weiterführungs-Techniken · Stockkampfkunst. (0485) Von W. Heim F.J. Gresch, 200 S., über 600 s/w-Fotos, kart ●●

**Aikido**
Lehren und Techniken des harmonischen Weges. (0537) Von R. Brand, 280 S., 697 Abb., kart. ●●

**Hap Ki Do**
Koreanische Selbstverteidigung nach dem Lehrsystem des Großmeisters. (0379) Von Kim Sou Bong, 112 S., 152 Abb., kart. ●●

**Dynamische Tritte**
Grundlagen für den Zweikampf. (0438) Von C. Lee, 96 S., 398 s/w-Fotos, 10 Zeichnungen, kart. ●●

**Selbstverteidigung**
Abwehrtechniken für Sie und Ihn (0853) Von E. Deser, 96 S., 259 s/w-Fotos, kart. ●

Die Faszination athletischer Körper
**Bodybuilding**
mit Weltmeister Ralf Möller. (4281) Von R. Möller, 128 S., 169 Farbfotos, 14 s/w-Fotos, 1 Farbzeichn., Pappband. ●●●●

**Bodyshaping · Bodybuilding**
Mit Anja Albrecht zur Idealfigur. (4405) Von A. Albrecht, 128 S., 164 Farbfotos, 4 s/w-Fotos, 1 Farb- und 1 s/w-Zeichnung, Pappband. ●●●●

**Ladyfitneß**
Das neue Körperbewußtsein der Frau
Bodyshaping · Körperpflege · Ernährung · Entspannung
(4433) Von Prof. Dr. S. Starischka, B. Grabis, D. von Gramm, G.W. Kienitz, ca. 128 S., ca. 113 Farbfotos, Pappband. ●●●

**Bodybuilding für Frauen**
Wege zu Ihrer Idealfigur (0661) Von H. Schulz, 112 S., 84 s/w-Fotos, 4 Zeichnungen, kart. ●

fit mit
**Bodybuilding**
(2314) Von L. Spitz, 112 S., 203 Farbabbildungen, 10 Tabellen. ●●

**Bodybuilding**
Anleitung zum Muskel- und Konditionstraining für sie und ihn.
(0604) Von R. Smolana, 160 S., 171 s/w-Fotos, kart. ●

**Muskeltraining mit Hanteln**
Leistungssteigerung für Sport und Fitness. (0676) Von H. Schulz, 104 S., 92 s/w-Fotos, 2 Zeichnungen, kart. ●

**Hanteltraining zu Hause**
(0800) Von W. Kieser, 80 S., 71 s/w-Fotos, 4 Zeichnungen, kart. ●

**Leistungsfähiger durch Krafttraining**
Eine Anleitung für Fitness-Sportler, Trainer und Athleten (0617) Von W. Kieser, 96 S., 20 s/w-Fotos, 62 Zeichnungen, kart. ●

**Fit und gesund**
Fitneßtraining und Bodybuilding zu Hause. Trainingsprogramme für Ihr Wohlbefinden. (0782) Von Prof. Dr. S. Starischka, 80 S., 100 Farbfotos, 3 Zeichnungen, kart. ●●

Videokassette
**Fit und gesund** Körpertraining und Bodybuilding für zu Hause
(6013) VHS, 30 Min., mit Begleitheft, in Farbe. ●●●●*

**Optimale Ernährung**
für Krafttraining und Budybuilding.
(0912) Von B. Dahmen, 88 S., 8 Farbtafeln, 8 Zeichnungen, kart. ●

Fit mit **Bio-Training**
für Kraft, Ausdauer und Schnelligkeit
(2310) Von L. Spitz, 112 S., 197 Farbfotos, 11 Farb- und 4 s/w-Zeichnungen, kart. ●●

Top-Form im Sport
**Ernährungs-Training**
Das Erfolgsprogramm für den Ausdauersportler. (0945) Von M. Inzinger, Dipl.-Oec. troph. G. Wagner, 160 S., 31 Farbzeichnungen, 16 Grafiken, kart. ●●

Gesund und fit durch **Konditionstraining und Wirbelsäulengymnastik**
(0844) Von R. Milser u. K. Grafe, 104 S., 99 Farbfotos, 12 Farbzeichnungen, 5 s/w-Zeichnungen, kart. ●●

Fit mit **Tai Chi**
als sanfte Körpererfahrung (2305) Von B. u. K. Moegling, 112 S., 121 Farbfotos, 6 Farb- u. 4 s/w-Zeichnungen, kart. ●●

**Isometrisches Training**
Übungen für Muskelkraft und Entspannung. (0529) Von L. M. Kirsch, 140 S., 162 s/w-Fotos, kart. ●●

**Stretching**
Mit Dehnungsgymnastik zu Entspannung. Geschmeidigkeit und Wohlbefinden.
(0717) Von H. Schulz, 80 S., 90 s/w-Fotos, kart. ●

Fit mit **Stretching**
(2304) Von B. Kurz, 96 S., 255 Farbfotos, kart. ●●

**Gesund und fit durch Gymnastik**
(0366) Von H. Pilss-Samek, 88 S., 130 Abb., kart. ●

**Fit und frisch**
Gymnastik für die ganze Familie
(6501) Von G. Sieber, 104 S., 306 Farbfotos, 5 Farbzeichnungen, kart., mit Audiokassette, Laufzeit 30 Min., ●●●

Fit mit **Laufen**
(2315) Von W. Sonntag, 96 S., 60 Farbfotos, 8 Farbzeichnungen, kart. ●●

**Spaß am Laufen**
Jogging für die Gesundheit. (0470) Von W. Sonntag. 140 S., 41 s/w-Fotos, 1 Zeichnung, kart. ●

**Sportschießen**
für jedermann. (0502) Von A. Kovacic, 124 S., 116 s/w-Fotos, kart. ●●

Fit mit **Sportschießen**
(2312) Von H. Gabelmann, ca. 112 S., ca. 100 Farbabbildungen, kart. ●●

**Fechten**
Florett · Degen · Säbel. (0449) Von E. Beck, 88 S., 185 Fotos, 10 Zeichnungen, kart. ●●

Fit mit **Sportabzeichen**
(2307) Von G. Hennige, 104 S., 107 Farbfotos, kart. ●●

**Volleyball**
Technik · Taktik · Regeln. (0351) Von H. Huhle, 104 S., 330 Abb., kart. ●

Fit mit **Volleyball**
(2302) Von Dr. A. Scherer, 104 S., 27 Farb- und 1 s/w-Foto, 12 Farb- und 29 s/w-Zeichnungen, kart. ●●

Fit mit **Fußball**
(2309) Von H. Obermann, P. Walz, 112 S., 47 Farbfotos, 18 Farb- und 25 s/w-Zeichnungen, kart. ●●

**Handball**
Technik · Taktik · Regeln. (0426) Von F. und P. Hattig, 128 S., 91 s/w-Fotos, 121 Zeichnungen, kart. ●●

**Die neue Tennis-Praxis**
Der individuelle Weg zu erfolgreichem Spiel. (4097) Von R. Schönborn, 240 S., 202 Farbzeichnungen, 31 s/w-Abb., Pappband. ●●●●

**Moderne Tennistechnik**
(4187) Von G. Lam, 192 S., 339 s/w-Fotos, 91 Zeichnungen, kart. ●●●

**Tennis**
Technik · Taktik · Regeln. (0375) Von W. u. S. Taferner, 112 S., 81 Abb., kart. ●

**Tischtennis-Technik**
Der individuelle Weg zu erfolgreichem Spiel. (0775) Von M. Perger, 144 S., 296 Abb. kart. ●●

**Badminton**
Technik · Taktik · Training. (0699) Von K. Fuchs, L. Sologub, 168 S., 51 Abb., kart., ●●

**Squash**
Ausrüstung · Technik · Regeln. (0539) Von D. von Horn, H.-D. Stünitz, 96 S., 55 s/w-Fotos, 25 Zeichnungen, kart. ●

Fit mit **Squash**
(2311) Von P. Langhammer, R. Michna, 96 S., 86 Farbfotos, 13 Farbzeichnungen, kart. ●●

**Eishockey**
Lauf- und Stocktechnik, Körperspiel, Taktik, Ausrüstung und Regeln. (0414) Von J. Čapla, 264 S., 548 s/w-Fotos, 163 Zeichnungen, kart. ●●

**Golf**
Ausrüstung und Technik. (0343) Von J.C. Jessop, übersetzt von H. Biemer, mit einem Vorwort von H. Krings, Präsident des Deutschen Golf-Verbandes, 96 S., 57 Abb., Anhang Golfregeln des DGV, kart. ●●

**Pool-Billard**
(0484) Herausgegeben vom Deutschen Pool-Billard-Bund. Von M. Bach, K.-W. Kühn, 104 S., 64 Abb., kart. ●

**Tanzen überall**
Discofox, Rock'n Roll, Blues, Langsamer Walzer, Cha-Cha-Cha zum Selberlernen. (0760) Von H.M. Pritzer, 112 S., 128 Farbfotos, kart. ●●

**Tanzstunde**
Das Welttanzprogramm leicht gelernt
(4409) Von G. Hädrich, 164 S., 489 s/w-Fotos, 63 Zeichnungen, Pappband. ●●●

**Wir lernen tanzen**
Standard- und lateinamerikanische Tänze (0200) Von E. Fern, 152 S., 119 s/w-Fotos, 47 Zeichnungen, kart. ●

Fit mit **Tanzen**
(2303) Von K. Richter, H. Kleinow, 96 S., 102 Farbfotos, kart. ●●

**Dancing**
Moderne Discotänze: mit Mambo und Salsa (0977) Von B. und F. Weber, 96 S., 207 s/w-Fotos, kart. ●●

**Jive**
(5174) Von Peter Wolff, 32 S., 66 Farbfotos, 7 Zeichng., mit Tanzteppich, kartoniert. ●

**Cha-Cha-Cha**
(5171) Von Peter Wolff, 32 S., 51 Farbfotos, 10 Zeichnungen, mit Tanzteppich, kartoniert. ●

**Foxtrott**
(5172) Von Peter Wolff, 32 S., 55 Farbfotos, 10 Zeichnungen, mit Tanzteppich, kartoniert. ●

**Langsamer Walzer**
(5173) Von Wolff, 32 S., 50 Farbfotos, 10 Zeichnungen, mit Tanzteppich, kartoniert. ●

**Dirty Dancing**
Step by Step leicht gelernt
(0992) Von D. Glück, G. Teusen, 80 S., 140 Farbfotos, kart. ●●

**So tanzt man Rock'n Roll**
Grundschritte · Figuren · Akrobatik
(0573) Von W. Steuer und G. Marz, 224 S., 303 Abb., kart. ●●

Anmutig und fit durch
**Bauchtanz**
(0911) Von Marta, 120 S., 229 Farbfotos, 6 s/w-Zeichnungen, kart. ●●

**Sporttauchen**
Theorie und Praxis des Gerätetauchens (0647) Von S. Müßig, 144 S., 8 Farbtafeln, 35 s/w-Fotos, 89 Zeichnungen, kart. ●●

**Angelfischerei von Aal bis Zander**
Fische · Geräte · Technik. (0324) Von H. Oppel, 144 S., 49 s/w-Fotos, 8 Farbt., kart. ●

**Angeln**
Kleine Fibel für den Sportfischer. (0198) Von E. Bondick, 80 S., 4 Farbt., 116 Abb., kart. ●

Falken-Handbuch
**Angeln**
in Binnengewässern und im Meer. (4090) Von H. Oppel, 344 S., 24 Farbtafeln, 66 s/w-Fotos, 151 Zeichn., gebunden. ●●●●

**Funboard-Surfen**
Material · Technik · Regatten · Internationale Reviere. (4297) Von J. Evans, 144 S., 106 Farbfotos, 9 Farbzeichnungen, 68 zweifarbige und 5 s/w-Zeichnungen, kart. ●●●

fit mit
**Surfen**
(2317) Von H. Mönster, K.-H. Eden, B. Bohr, 104 S., 110 Farbfotos, 23 s/w-Zeichnungen, kartoniert. ●●

**Fibel für Kegelfreunde**
Sport- und Freizeitkegeln · Bowling
(0191) Von G. Bocsai, 72 S., 62 Abb., kart. ●

Fit mit **Kegeln**
(2301) Von G. Gromann, 96 S., 51 Farbfotos, 50 Farb- und 4 s/w-Zeichnungen, kart. ●●

**Beliebte und neue Kegelspiele**
(0271) Von H. Regulski, 92 S., 62 Abb., kart. ●

**111 spannende Kegelspiele**
(2031) Von H. Regulski, 80 S., 53 Zeichnungen, kart. ●

## Schach

**Einführung in das Schachspiel**
(0104) Von W. Wollenschläger und K. Colditz, 112 S., 116 Diagramme, kart. ●

Falken-Handbuch
**Schach**
(4051) Von T. Schuster, 360 S., über 340 Diagramme, gebunden. ●●●●

**Spielend Schach lernen**
(2002) Von T. Schuster, 96 S., kart. ●

**Kinder- und Jugendschach**
Offizielles Lehrbuch des Deutschen Schachbundes zur Erringung der Bauern-, Turm- und Königsdiplome. (0561) Von B.J. Withuis, H. Pfleger, 144 S., 220 Zeichnungen und Diagramme, kart. ●●

**Zug um Zug**
**Schach für jedermann 1**
Offizielles Lehrbuch des Deutschen Schachbundes zur Errinung des Bauerndiploms. (0648) Von H. Pfleger, E. Kurz, 80 S., 24 s/w-Fotos, 8 Zeichn., 60 Diagramme, kart. ●

FALKEN-Software
Zug um Zug
**Schach für jedermann 1**
(7015) Wendediskette für C 64 / C 128 PC, mit Begleitheft. ●●●*

(7005) Wendediskette für Atari ST 520/1040 mit Begleitheft. ●●●●●*

**Zug um Zug**
**Schach für jedermann 2**
Offizielles Lehrbuch des Deutschen Schachbundes zur Erringung des Turmdiploms. (0659) Von H. Pfleger, E. Kurz, 128 S., 7 s/w-Fotos, 13 Zeichnungen, 78 Diagramme, kart. ●

**Zug um Zug**
**Schach für jedermann 3**
Offizielles Lehrbuch des Deutschen Schachbundes zur Erringung des Königdiploms. (0728) Von H. Pfleger, G. Treppner, 128 S., 4 s/w-Fotos, 84 Diagramme, 10 Zeichnungen, kart. ●

**Schach für Fortgeschrittene**
Taktik und Probleme des Schachspiels (0219) Von R. Teschner, 88 S., 85 Diagramme, kart. ●

**Neue Schacheröffnungen**
(0478) Von T. Schuster 104 S., 100 Diagramme, kart. ●

**Lehr-, Übungs- und Testbuch der Schachkombinationen**
(0649) Von K. Colditz, 184 S., 227 Diagramme, kart. ●●

**Erfolgreiche Schachlehre**
Eröffnungs- und Mittelspielstrategie (0991) Von D. Bronstein, 254 S., 201 Diagramme, Pappband. ●

**Faszinierendes Schach**
(0989) Von I. Linder, 285 S., 295 Diagramme, Pappband. ●●

Die hohe Schule der
**Schachkombinationen**
(0920) Von W. Golz, P. Keres, 272 S., 322 Diagramme, Pappband. ●●

**Schwerfiguren greifen ein**
(0979) Von J. Damski, 184 S., 244 Diagramme, Pappband. ●●

**Sizilianisch siegen**
durch die Kunst der Verteidigung (0990) Von M. Taimanow, 160 S., 124 Diagramme, Pappband. ●●

Offizielles Lehrbuch des Deutschen Schachbundes
**Das systematische Schachtraining**
Trainingsmethoden, Strategien und Kombinationen. (0857) Von Sergiu Samarian, 152 S., 159 Diagramme, 1 Zeichn., kart. ●●

**Taktische Schachendspiele**
(0752) Von J. Nunn, 208 S., 152 Diagramme, kart. ●●

**Schachstrategie**
Ein Intensivkurs mit Übungen und ausführlichen Lösungen. (0584) Von A. Koblenz, dt. Bearb. von K. Colditz, 212 S., 240 Diagramme, kart. ●●

**Schachtraining mit den Großmeistern**
(0670) Von H. Bouwmeester, 128 S., 90 Diagramme, kart. ●●

**Die besten Partien deutscher Schachgroßmeister**
(4121) Von H. Pfleger, 192 S., 29 s/w-Fotos, 89 Diagramme, Pappband. ●●●

**So denkt ein Schachmeister**
Strategische und taktische Analysen. (0915) Von H. Pfleger, G. Treppner, 120 S., 75 Diagramme, kart. ●●

**Schach als Kampf**
Meine Spiele und mein Weg. (0729) Von G. Kasparow, 144 S., 95 Diagramme, 9 s/w-Fotos, kart. ●●

**Schach WM '87**
Kasparow/Karpow
(0910) Von H. Pfleger, O. Borik, M. Kipp-Thomas, 136 S., 36 s/w-Fotos, 96 Diagr., kart. ●●

Helmut Pflegers
**Schachkabinett**
Amüsante Aufgaben – überraschende Lösungen. (0877) Von H. Pfleger, 160 S., 118 Diagramme, kart. ●●

**Schach mit dem Computer**
(0747) Von D. Frickenschmidt, 140 S., 112 Diagramme, 29 s/w-Fotos, 5 Zeichnungen, kart. ●●

FALKEN-Software
**Das komplette Schachprogramm**
Spielen, Trainieren, Problemlösen mit dem Computer. (7006) Von J. Egger, Diskette für C 64, C 128 PC, mit Begleitheft. ●●●●●*

## Mensch und Gesundheit

**Total verknallt... und keine Ahnung?**
Alles über Liebe, Sex und Zärtlichkeit (1024) Von H. Bruckner, R. Rathgeber, 104 S., 38 Abbildungen, kartoniert. ●●

**Sinnliche Liebe**
Sex und Partnerschaft
(4436) Von Dr. A. Stanway, 160 S., 60 vierfarbige Illustrationen, Pappband. ●●●●

Streicheleinheiten für Körper und Seele
**Partner Massage**
(4444) Von Chr. Unseld-Baumanns, 136 S., 145 Farbfotos, Pappband. ●●●●

Der moderne Ratgeber
**Wir werden Eltern**
Schwangerschaft · Geburt · Erziehung des Kleinkindes. (4269) Von B. Nees-Delaval, 376 S., 335 2-farbige Abb., Pappband. ●●●●

**Wenn Sie ein Kind bekommen**
(4003) Von U. Klamroth, Dr. med. H. Oster, 240 S., 86 s/w-Fotos, 30 Zeichn., kart. ●●●

**Wenn der Mensch zum Vater wird**
Ein heiter-besinnlicher Ratgeber
(4259) Von D. Zimmer, 160 S., 20 Zeichnungen, Pappband. ●●

Vorbereitung auf die Geburt und
**Schwangerschaftsgymnastik**
Atmung, Rückbildungsgymnastik.
(0251) Von s. Buchholz, 112, S., 98 s/w-Fotos, kart. ●

**Yoga für Schwangere**
Der Weg zur sanften Geburt
(0777) Von V. Bolesta-Hahn, 112 S., 76 zweifarbige Abb., kart. ●●

**Die Kunst des Stillens**
nach neuesten Erkenntnissen (0701) Von Prof. Dr. med. E. Schmidt, S. Brunn, 112 S., 20 Fotos und Zeichnungen, kart. ●

**Das Babybuch**
Pflege · Ernährung · Entwicklung
(0531) Von A. Burkert, 96 S., 76 zweifrg. Zeichn., 22 s/w-Zeichn., kart. ●●

**Wenn Kinder krank werden**
Medizinischer Ratgeber für Eltern
(4240) Von Dr. med. I.J. Chasnoff, B. Nees-Delaval, 232 S., 163 Zeichn., Pbd.. ●●●

Erkennen Sie sich selbst
**Psycho-Tests**
(0710) Von B.M. Nash, R.B. Monchick, übers. v. J. Schiesmann, 304 S., 81 Zeichn., kart. ●●

FALKEN-Software
**Ego-Tests**
Sich und andere besser erkennen und verstehen. (7012) Diskette für IBM PC kompatible (MS DOS) mit Begleitheft. ●●●●●*

**Bildatlas des menschlichen Körpers**
(4177) Von G. Pogliani, V. Vannini, 112 S., 402 Farbabb. 28 s/w-Fotos, Pappband. ●●●

**Dr. Reitners großes Gesundheitslexikon**
Mit über 5000 Stichwörtern.
(4282) Von Dr. med. H.-J. Lewitzka-Reitner, in Zusammenarbeit mit P. Janknecht und U. Kannapinn, 504 S., 424 s/w-Abbildungen, Pappband. ●●

**Das moderne Hausbuch der Naturheilkunde**
Neueste Erkenntnisse der Ganzheitsmedizin von Akupressur bis Zelltherapie
(4403) Von G. Leibold, 448 S., 263 Farbzeichn., 15 s/w-Fotos, Pappband. ●●●●●

**Pillenpreise unverblümt**
Rezeptfreie Medikamente:
Medizinische Grundlagen · Wirkungen · Risiken · Preisübersicht
(4426) Von Dr. rer.nat. K. Mayer, 248 S., franz. Broschur. ●●●

**Ratgeber Aids**
Entstehung, Ansteckung, Krankheitsbilder, Heilungschancen, Schutzmaßnahmen
(0803) Von B. Baartman, Vorwort von Dr. med. H. Jäger, 112 S., 8 Farbtafeln, 4 Grafiken, kart. ●●

**Nahrungsmittelallergien**
So ernähren Sie sich richtig!
(0913) Von Priv-Doz.Dr.med.habil. J. von Mayenburg, Prof. Dr. med. Dr. phil. S. Borelli, E. Polster, 136 S., kart. ●●

**Diabetes**
Krankheitsbild, Therapie, Kontrollen, Schwangerschaft, Sport, Urlaub, Alltagsprobleme, Neueste Erkenntnisse der Diabetesforschung. (0895) Von Dr. med. H.J. Krönke, 120 S., 4 Farbtafeln, 14 s/w-Fotos, 13 s/w-Zeichnungen, kart. ●

**Darmleiden**
Krankheitsbilder, Behandlung, Selbstbehandlung, Richtige Lebensführung und Ernährung. (0798) Von Dr. med. K. Steffens, 112 S., 46 Zeichnungen, kart. ●

**Rheuma und Gicht**
Krankheitsbilder, Behandlung, Therapieverfahren, Selbstbehandlung. Richtige Lebensführung und Ernährung. (0712) Von Dr. J. Höder, J. Bandick, 104 S., kart. ●

**Asthma**
Pseudokrupp, Bronchitis und Lungenemphysem. (0778) Von Prof. Dr. med. W. Schmidt, 120 S., 56 Zeichnungen, kart. ●

**Krampfadern**
Ursachen, Vorbeugung, Selbstbehandlung, Therapieverfahren. (0727) Von Dr. med. K. Steffens, 112 S., 38 Abb., kart. ●

**Gallenleiden**
Krankheitsbilder, Behandlung, Therapieverfahren, Selbstbehandlung. Richtige Lebensführung und Ernährung. (0673) Von Dr. med. K. Steffens, 104 S., 34 Zeichnungen, kart. ●

**Arteriosklerose**
Risikofaktoren/Vorbeugung/Therapie
Richtige Ernährung bei erhöhtem Cholesterinspiegel
(1020) Von Prof. Dr. med. G. Assmann, Dr. troph. U. Wahrburg, 192 S., 84 farb. Abb., 4 s/w-Zeichnungen, kartoniert.

Gesundheit durch altbewährte Kräuterrezepte und Hausmittel aus der
**Natur-Apotheke**
(4156) Von G. Leibold, 236 S., 8 Farbtafeln, 100 Zeichnungen, kart. ●●

Falken-Handbuch **Heilkräuter**
Modernes Lexikon der Pflanzen und Anwendungen (4076) Von G. Leibold, 392 S., 183 Farbfotos, 22 Zeichnungen, geb. ●●●●

**Heiltees und Kräuter für die Gesundheit**
(4123) Von G. Leibold, 136 S., 15 Farbtafeln, 16 Zeichnungen, kart. ●●

Aus dem Schatz der Naturmedizin
**Heilkräuterkuren**
(4268) Von Dr. med. E. Rauch, Dr. rer. nat. P. Kruletz, 144 S., 49 Zeichnungen, kart. ●●

**Fastenkuren**
Wege zur gesunden Lebensführung. Rezepte und Tips für die Nachfastenzeit. Kurzfasten · Saftfastenkuren · Fastenschalttage · Heilfasten. (4248) Von Ha. A. Mehler, H. Keppler, 144 S., 16 s/w-Fotos, 9 Zeichn., Pbd. ●●●

Die sanfte Art des Heilens
**Homöopathie**
Praktische Anwendung und Arzneimittellehre
(4418) Von J. H. P. Kreuter, 216 S., 49 Zeichnungen, Pappband. ●●●

Massagetechniken und Heilanzeigen
**Reflexzonentherapie**
(4404) Von G. Leibold, 128 S., 53 Farbzeichungen, Pappband. ●●●

**Wetterfühligkeit**
Vorbeugen und behandeln
Der Einfluß von Wetter und Klima auf Körper und Psyche
(0988) Von Dipl.-Met. H. Trenkle, fachl. Beratung Prof. Dr. V. Faust, 120 S., 8 Farbtafeln, 31 zweifarbige Abbildungen und Tabellen, kartoniert. ●●

**Kneippkuren zu Hause**
(0779) Von G. Leibold, 112 S., 25 Zeichnungen, kartoniert. ●

Entspannung und Schmerzlinderung durch
**Massage**
(0750) Von B. Rumpler, K. Schutt, 112 S., 116 zweifarbige Zeichnungen, kart. ●

**Besser sehen durch Augentraining**
Ein Gesundheitsprogramm zur Verbesserung des Sehvermögens. (0914) Von K. Schutt, B. Rumpler, 96 S., 32 s/w-Zeichnungen, kart. ●

**Krebsangst und Krebs behandeln**
Mit einem Vorwort von Prof. Dr. med. Friedrich Douwes. (0839) Von G. Leibold, 104 S., kart. ●

**Hypnose und Autosuggestion**
Methoden - Heilwirkungen - praktische Beispiele. (0483) Von G. Leibold, 120 S., 9 Illustrationen, kart. ●

**Akupressur** zur Eigenbehandlung
(0417) Von G. Leibold, 152 S., 78 Abb., kart. ●

**Enzyme**
Vitalstoffe für die Gesundheit
(0677) Von G. Leibold, 96 S., kart. ●

**Fußsohlenmassage**
Heilanzeigen · Technik · Selbsthilfe
(0714) Von G. Leibold, 96 S., 38 Zeichnungen, kart. ●

**Rheuma behandeln und lindern**
Mit einem Vorwort von Dr. med. Max-Otto-Bruker. (0836) Von G. Leibold, 96 S., kart. ●

**Heilfasten**
Entschlacken · Regenerieren · Abnehmen
(0713) Von G. Leibold, 96 S., kart. ●

**Besser leben durch Fasten**
(0841) Von G. Leibold, 96 S., kart. ●

**Die echte Schroth-Kur**
(0797) Von Dr. med. R. Schroth, 88 S., 2 s/w-Fotos, kart. ●

**Allergien behandeln und lindern**
Mit einem Vorwort von Prof. Dr. med. Axel Stemmann. (0840) Von G. Leibold, 96 S., 4 Zeichnungen, kart. ●

**Sreß bewältigen durch Entspannung**
(0834) Von Dr. med. Chr. Schenk, 88 S., 29 Zeichnungen, kart. ●

**Autogenes-Training**
Anwendung · Heilwirkungen · Methoden
(0541) Von R. Faller, 112 S., 3 Zeichn., kart. ●

**Chinesische Naturheilverfahren**
Selbstbehandlung mit bewährten Methoden der physikalischen Therapie. Atemtherapie · Heilgymnastik · Selbstmassage · Vorbeugen · Behandeln · Entspannen. (4247) Von F.T. Lie, 160 S., 292 zweifarbige Zeichnungen, Pappband. ●●●

Chinesisches Schattenboxen
**Tai-Ji-Quan**
für geistige und körperliche Harmonie
(0850) Von F. T. Lie, 120 S., 221 s/w-Fotos, 9 s/w-Zeichnungen, Beilage: 1 s/w-Poster mit zahlreichen Abbildungen, kart. ●●

Fit mit **Tai Chi**
als sanfte Körpererfahrung
(2305) Von B. und K. Moegling, 112 S., 121 Farbfotos, 6 Farbzeichnungen, kart. ●●

**Yoga**
Weg zur Harmonie
(4417) Von A. Harf, W. von Rohr, 176 S., 171 Farbfotos, 12 s/w-Zeichnungen, kartoniert. ●●●●

Bauch, Taille und Hüfte gezielt formen durch
**Aktiv-Yoga**
(0709) Von K. Zebroff, 112 S., 102 Farbfotos, kart. ●●

**Yoga für Jeden**
(0341) Von K. Zebroff. 156 S., 135 Abb., Spiralbindung. ●●●

Richtige Atmung und Entspannung durch
**Yoga**
(0321) Von U. Thomsen, 112 S., 50 s/w-Fotos, kartoniert. ●

**Yoga gegen Haltungsschäden und Rückenschmerzen**
(0394) Von A. Raab, 104 S., 215 Abb., kart. ●

Chinesische Punktmassage **Akupressur**
(4419) Von F.T. Lie, 192 S., 332 zweifarbige Abb., Pappband. ●●●

**Shiatsu-Massage**
Hormonisierung der Energieströme im Körper. (0615) Von G. Leibold, 196 S., 180 Abb., kart. ●●

**Diät bei Darmkrankheiten**
Durchfall - Divertikulose, Reizdarm und Darmträgheit - einheimische Sprue (Zöllakie) - Disaccharidasemangel - Dünndarmresektion - Dumping Syndrom. Rezeptteil von B. Zöllner. (3211) Von Prof. Dr. med. G. Strohmeyer, 88 S., 4 Farbtafeln, kart. ●●

**Ballaststoffreiche Kost bei Funktionsstörungen des Darms**
Rezeptteil von B. Zöllner. (3212) Von Prof. Dr. med. H. Kasper, 96 S., 34 Farbfotos, 1 s/w-Fotos, kart. ●●

**Diät bei Krankheiten des Magens und Zwölffingerdarms**
Rezeptteil von B. Zöllner, (3201) Von Prof. Dr. med. H. Kaess, 96 S., 35 Farbfotos, 1 s/w-Zeichnung, kart. ●●

**Diät bei Krankheiten der Gallenblase, Leber und Bauchspeicheldrüse**
Rezeptteil von B. Zöllner. (3207) Von Prof. Dr. med. H. Kasper, 88 S., 4 Farbtafeln, kart. ●●

**Diät bei Übergewicht**
Rezeptteil von B. Zöllner. (3209) Von Prof. Dr. med. Ch. Keller, 104 S., 42 Farbfotos, 3 s/w-Zeichnungen, kart. ●●

**Diät bei Gicht und Harnsäuresteinen**
Rezeptteil von B. Zöllner. (3205) Von Prof. Dr. med. N. Zöllner, 80 S., 4 Farbtafeln, kart. ●●

**Diät bei Herzkrankheiten und Bluthochdruck**
Rezeptteil von B. Zöllner. (3202) Von Prof. Dr. med. H. Rottka, 92 S., 4 Farbtafeln, kart. ●●

**Richtige Ernährung wenn man älter wird**
Rezeptteil von B. Zöllner. (3204) Von Prof Dr. med. H.-J. Pusch. 96 S., 36 Farbfotos und 3 s/w-Zeichnungen, kart. ●●

**Diät bei Erkrankungen der Nieren, Harnwege und bei Dialysebehandlung**
Rezeptteil von B. Zöllner. (3203) Von Prof. Dr. med. Dr. h. c. H. J. Sarre und Prof Dr. med. R. Kluthe, 96 S., 33 Farbfotos, 1 s/w-Zeichnung, kart. ●●

**Diät bei Zuckerkrankheit**
Rezeptteil von B. Zöllner. (3206) Von Prof. Dr. med. P. Dieterle, 112 S., 42 Farbfotos, 4 vierfarbige Vignetten, 1 s/w-Zeichnung, kart. ●●

**Kochen für Diabetiker**
Gesund und schmackhaft für die ganze Familie. (4132) Von M. Toeller, W. Schumacher, A. C. Groote, 224 S., 109 Farbfotos, 94 Zeichnungen, Pappband. ●●●

**Neue Rezepte für Diabetiker-Diät**
Vollwertig - abwechslungsreich - kalorienarm. (0418) Von M. Oehlrich, 96 S., 8 Farbtafeln, kart. ●

**Diät bei Störungen des Fettstoffwechsels und zur Vorbeugung der Arteriosklerose**
Rezeptteil von B. Zöllner. (3208) Von Prof. Dr. med. G. Wolfram und Dr. med. O. Adam, 104 S., 4 Farbtafeln, kart. ●●

## Garten, Tiere, Umwelt

**Garten heute**
Der moderne Ratgeber · Über 1000 Farbbilder. (4283) Von H. Jantra, 384 S., über 1000 Farbabb., Pappband. ●●●●

**Blütenpracht in Haus und Garten**
Der große praktische Ratgeber mit über 1000 farbigen Abb. (4145) Von M. Haberer, u.a. 352 S., 1012 Farbfotos, Pbd. ●●●●

Die offizielle Sonderausgabe zur BUGA Frankfurt '89
**Das Gartenjahr**
Arbeitspläne und Pflanzenporträts
(4434) Von Dr. G. Schoser, 120 S., 146 Farbfotos, 187 Zeichnungen, 13 Tabellen, kart. ●

**Blütenpracht aus winterharten Blumenzwiebeln**
(0772) Von H. Lass, 112 S., 120 Farbfotos und Zeichnungen, kart. ●●

**Blumenpracht im Garten**
(5014) Von I. Manz, 64 S., 93 Farbfotos, Pappband. ●●

**Erfolgstips für den Obstgarten**
Gesunde Früchte durch richtige Sortenwahl und Pflege. (0827) Von F. Mühl, 184 S., 16 Farbtafeln, 33 Zeichnungen, kart. ●●

**Erfolgstips für den Gemüsegarten**
Mit naturgemäßem Anbau zu höherem Ertrag. (0674) Von F. Mühl, 80 S., 30 s/w-Fotos, 4 Zeichnungen, kart. ●

**Mischkultur im Nutzgarten**
Mit Jahreskalender und Anbauplänen (0651) Von H. Oppel, 112 S., 8 Farbtafeln, 23 s/w-Fotos, 29 Zeichnungen, kart. ●

**Mein Kräutergarten rund ums Jahr**
Täglich schnittfrisch und gesund würzen (4192) Von Prof. Dr. G. Lysek, 136 S., 15 Farbtafeln, 91 Zeichnungen, kart. ●●

**Selbstversorgung aus dem eigenen Anbau**
Reichen Erntesegen verwerten und haltbar machen. (4182) Von M. Bustorf-Hirsch, M. Hirsch, 216 S., 270 Zeichn., Pappband. ●●●

**Der richtige Schnitt von Obst- und Ziergehölzen, Rosen und Hecken**
(0619) Von E. Zettl, 88 S., 8 Farbtafeln, 39 Zeichnungen, 21 s/w-Fotos, kart. ●

**Gesunde Zierpflanzen im Garten**
Krankheiten erkennen und behandeln
Mit neuem Diagnose-System
(4429) Von Prof. Dr. G. Stelzer, 208 S., 456 Farbfotos, 5 s/w- und 5 Farbzeichnungen, Pappband. ●●●●

**Erfolgstips für den Ziergarten**
Schmuckpflanzen und Rasen richtig pflegen (0930) Von F. Mühl, 156 S., 12 Farbtafeln, 26 s/w-Zeichnungen, kart. ●●

Erfolgreich gärtnern mit
**Frühbeet und Folie**
(0828) Von Dr. Gustav Schoser, 88 S., 8 Farbtafeln, 46 s/w-Fotos, kart. ●

**Das Bio-Gartenjahr**
Arbeitsplan für naturgemäßes Gärtnern (4169) Von N. Jorek, 128 S., 8 Farbtafeln, 70 s/w-Abb., kart. ●●

**Erfolgreich gärtnern**
durch naturgemäßen Anbau (4252) Von I. Gabriel, 416 S., 176 Farbfotos, 212 Farbzeichnungen, Pappband. ●●●

**Leben im Naturgarten**
Der Biogärtner und seine gesunde Umwelt (4124) Von N. Jorek, 128 S., 68 s/w-Fotos, kart. ●●

**Aktion Garten ohne Gift**
Gesunde Umwelt durch natürlichen Pflanzenschutz
Ein Praxis-Handbuch von E. Hoplitschek u. B.M. Tegethoff. (4425) 176 S., 250 Farbfotos, 36 Farb- und 29 s/w-Zeichn., Pbd. ●●●

**So wird mein Garten zum Biogarten**
Alles über die Umstellung auf naturgemäßen Anbau. (0706) Von I. Gabriel, 128 S., 73 Farbfotos, 54 Farbzeichnungen, kart. ●●

**Neuanlage eines Biogartens**
Planung, Bodenvorbereitung, Gestaltung (0721) Von I. Gabriel, 128 S., 73 Farbfotos, 39 Zeichnungen, kart. ●●

**Gesunde Pflanzen im Biogarten**
Biologische Maßnahmen bei Schädlingsbefall und Pflanzenkrankheiten. (0707) Von I. Gabriel, 128 S., 126 Farbfotos, kart. ●●

**Obst und Beeren im Biogarten**
Gesunde und schmackhafte Früchte durch natürlichen Anbau. (0780) Von I. Gabriel, 128 S., 109 Farbabb., kart. ●●

**Gemüse im Biogarten**
Gesunde Ernte durch natürlichen Anbau (0830) Von I. Gabriel, 128 S., 26 Farbfotos, 86 Farbzeichnungen, kart. ●●

**Kräuter und Heilpflanzen im Biogarten**
Gesunde Ernte durch natürlichen Anbau (0929) Von I. Gabriel, 112 S., 63 Farbfotos, 19 Farbzeichnungen, kart. ●●

**Der biologische Zier- und Wohngarten**
Planen, Vorbereiten, Bepflanzen und Pflegen (0748) Von I. Gabriel, 128 S., 72 Farbfotos, 46 Farbzeichnungen, kart. ●●

**Kosmische Einflüsse auf unsere Gartenpflanzen**
Sterne beeinflussen Wachstum und Gesundheit der Pflanzen. (0708) Von I. Gabriel, 112 S., 100 Farbabb., kart. ●●

**Natürlich gärtnern unter Glas und Folie**
Anbauen und ernten rund ums Jahr. (0722) Von I. Gabriel, 128 S., 107 Farbabb., kart. ●●

**Speisepilze aus eigener Zucht**
Anbau · Pflege · Zubereitung
(0909) Von U. Groos, 72 S., 8 Farbtafeln, 16 s/w-Zeichnungen, kart. ●

Falken-Handbuch **Pilze**
Mit über 250 Farbfotos und Rezepten (4061) Von M. Knoop, 276 S., 250 Farbfotos, Pappband. ●●●●

**Blütenpracht auf Balkon und Terrasse**
(0928) Von M. Haberer, 88 S., 139 Farbfotos, kart. ●●

**Gemüse, Kräuter, Obst aus dem Balkongarten**
- Erfolgreich ernten auf kleinstem Raum (0694) Von S. Stein, 32 S., 34 Farbfotos, 6 Zeichnungen, Spiralbindung, kart. ●

**Grabgestaltung**
Bepflanzung und Pflege zu jeder Jahreszeit (5120) Von N. Uhl, 64 S., 77 Farbfotos, 2 Zeichnungen, Pappband. ●●

Das offizielle BUGA-Buch
**Kleingärten**
Planen · Anlegen · Pflegen
(1015) Von H. Jantra, 88 S., 123 Farbfotos, 1 s/w-Foto, 14 Farbzeichnungen, kart. ●●

Das offizielle BUGA-Buch
**Reihenhausgärten**
Planen · Anlegen · Pflegen
(1016) Von H. Jantra, 104 S., 134 Farbfotos, 45 Farbzeichnungen, kart. ●●

**Gartenteiche und Wasserspiele**
planen, anlegen und pflegen
(4083) Von H. Sikora, 31 Farb- und 31 s/w-Fotos, 73 Zeichnungen, Pappband. ●●●

**Wasser im Garten**
Von der Vogeltränke zum Naturteich - Natürliche Lebensräume selbst gestalten. (4230) Von H. Hendel, P. Keßeler, 240 S., 315 Farbabb., 11 s/w-Fotos, Pappband. ●●●●●

**Mein kleiner Gartenteich**
planen – anlegen – pflegen
(0851) Von I. Polaschek, 144 S., 108 Farbabb., 6 s/w-Zeichnungen, kart. ●●

**Häuser in lebendigem Grün**
Fassaden und Dächer mit Pflanzen gestalten (0846) Von U. Mehl, K. Werk, 88 S., 116 Farbfotos, 4 Farb-und 17 s/w-Zeichn., kart. ●●

**Wintergärten**
Das Erlebnis, mit der Natur zu wohnen
Planen, Bauen und Gestalten.
(4256) Von LOG ID, 136 S., 130 Farbfotos, 107 Zeichnungen, Pappband. ●●●●

Rund ums Jahr erfolgreich gärtnern
**Gewächshäuser**
planen · bauen · einrichten · nutzen
(4408) Von Dr. G. Schoser, J. Wolff, 232 S., 368 Farbabb., 5 s/w-Fotos, Pappband. ●●●●●

**Ziergräser**
Über 100 Arten erfolgreich kultivieren (0829) Von H. Jantra, 104 S., 73 Farbfotos, 6 Farbzeichnungen, kart. ●●

Das moderne Handbuch
**Zimmerpflanzen**
(4416) Von H. Jantra, 304 S., 766 Farbfotos, 64 Farb-und 19 s/w-Zeichn., Pappband. ●●●●

**365 Erfolgstips für schöne Zimmerpflanzen**
(0893) Von H. Jantra, 144 S., 215 Farbfotos, kart. ●●

Prof. Stelzers grüne Sprechstunde
**Gesunde Zimmerpflanzen**
Krankheiten erkennen und behandeln · Mit neuem Diagnosesystem. (4274) Von Prof. Dr. G. Stelzer, 192 S., 410 Farbfotos, 10 s/w-Zeichnungen, Pappband. ●●●●

**Blühende Zimmerpflanzen**
94 Arten mit Pflegeanleitungen
(5010) Von R. Blaich, 64 S., 107 Farbfotos, Pappband. ●●

**Biologisch zimmergärtnern**
Zier- und Nutzpflanzen natürlich pflegen (4144) Von N. Jorek, 152 S., 15 Farbtafeln, 120 s/w-Fotos, Pappband. ●●

Videokassette·
**Pflanzenjournal**
Blumen- und Pflanzenpflege im Jahreslauf. (6036) VHS, 30 Min., in Farbe, mit Begleitheft. ●●●●*

**Hydrokultur**
Pflanzen ohne Erde - mühelos gepflegt (0944) Von H.-A. Rotter, 144 S., 167 Farbfotos, 13 Farbzeichnungen, kart. ●●

**Zimmerpflanzen in Hydrokultur**
Leitfaden für problemlose Blumenpflege. (0660) Von H.-A. Rotter, 32 S., 76 Farbfotos, 8 farbige Zeichn., Pappband. ●

**Blütenpracht in Grolit 2000**
Urkraft der seltenen Erden
(5127) Von G. Vocke, 64 S., 50 Farbfotos, Pappband. ●●

**Zimmerbäume, Palmen und andere Blattpflanzen**
Standort, Pflege, Vermehrung, Schädlinge (5111) Von G. Schoser, 96 S., 98 Farbfotos, 7 Zeichnungen, Pappband. ●●

**Bonsai**
Japanische Miniaturbäume und Miniaturlandschaften. Anzucht, Gestaltung und Pflege. (4091) Von B. Lesniewicz, 160 S., 106 Farbfotos, 46 s/w-Fotos, 115 Zeichnungen, gebunden. ●●●●●

**Keime, Sprossen, Küchenkräuter**
am Fenster ziehen - rund ums Jahr (0658) Von F. und H. Jantzen, 32 S., 55 Farbfotos, Pappband. ●

Falken-Handbuch **Orchideen**
Lebensraum, Kultur, Anzucht und Pflege. (4231) Von G. Schoser, 144 S., 121 Farbfotos, 28 Farbzeichnungen, Pappband. ●●●

**Fibel für Kakteenfreunde**
(0199) Von H. Herold, 102 S., 23 Farbfotos, 37 s/w-Abb., kart. ●

**Kakteen und andere Sukkulenten**
300 Arten mit über 500 Farbfotos. (4116) Von G. Andersohn, 316 S., 520 Farbfotos, 193 Zeichnungen, Pappband. ●●●●

**Kakteen**
Herkunft/Anzucht/Pflege/Arten
(5021) Von W. Hoffmann, 64 S., 70 Farbfotos, Pappband. ●●

Grzimek Juniors
**BUNTE TIERWELT**
(4295) Von Chr. Grzimek, 208 S., 308 Farbfotos, Pappband. ●●●

Falken-Handbuch **Hunde**
(4118) Von H. Bielfeld, 176 S., 222 Farb- und 73 s/w-Abb., Pappband. ●●●●

**Das neue Hundebuch**
Rassen · Aufzucht · Pflege
(0009) Von W. Busack, überarbeitet von Dr. med. vet. A. H. Hacker und H. Bielfeld, 112 S., 8 Farbt., 27 s/w-Fotos, 6 Zeichn., kart. ●

**Dackel, Teckel, Dachshund**
Aufzucht · Pflege · Ausbildung
(0508) Von M. Wein-Gysae, 112 S., 4 Farbtafeln, 43 s/w-Fotos, 2 Zeichnungen, kart. ●

Falken-Handbuch
**Der Deutsche Schäferhund**
(4077) Von U. Förster, 228 S., 160 Abb., Pappband. ●●●

**Hundeausbildung**
Verhalten - Gehorsam - Ausbildung
(0346) Von Prof. Dr. R. Menzel, 88 S., 19 Fotos, kart. ●

**Grundausbildung für Gebrauchshunde**
Schäferhund, Boxer, Rottweiler, Dobermann, Riesenschnauzer, Airedaleterrier, Hovawart und Bouvier. (0801) Von M. Schmidt und W. Koch, 104 S., 8 Farbtafeln, 51 s/w-Fotos, 5 s/w-Zeichnungen, kart. ●

**Der Deutsche Schäferhund**
Aufzucht, Pflege und Ausbildung. (0073) Von A. Hacker, 104 S., 56 Abb., kart. ●

**Alles über junge Hunde**
(0863) Von Dr. med. vet. E.M. Bartenschlager, 64 S., 49 Farbfotos, 6 Zeichnungen, kart. ●

**Richtige Hundeernährung**
(0811) Von Dr. med. vet. E.M. Bartenschlager, 80 S., 51 Farbfotos, 4 Farbzeichn., kart. ●

**Hundekrankheiten**
Erkennung und Behandlung, Steuerung des Sexualverhaltens. (0570) Von Dr. med.vet. R. Spangenberg, 128 S., 68 s/w- Fotos, 10 Zeichnungen, kart. ●

Falken-Handbuch **Katzen**
(4158) Von B. Gerber, 176 S., 294 Farb- und 88 s/w-Fotos, Pappband. ●●●●

**Das neue Katzenbuch**
Rassen · Aufzucht · Pflege. (0427) Von B. Eilert-Overbeck, 120 S., 14 Farbfotos, 26 s/w-Fotos, kart. ●

**Katzenkrankheiten**
Erkennung und Behandlung. Steuerung des Sexualverhaltens. (0652) Von Dr. med. vet. R. Spangenberg. 176 S., 64 s/w- Fotos, 4 Zeichnungen, kart. ●

**Junge Katzen**
(0862) Von Dr. med. vet. E.M. Bartenschlager, 72 S., 40 Farbf., 4 Farbzeichn., kart. ●

Falken-Handbuch **Pferde**
(4186) Von H. Werner, 176 S., 196 Farb- und 50 s/w-Fotos, 100 Zeichn., Pappband. ●●●●

Falken-Handbuch
**Pferde**
(4186) Von H. Werner, 176 S., 100 Zeichnungen, 196 Farb- und 50 s/w-Fotos, Pappband. ●●●●

**Reiten im Bild**
(0415) Von H. Werner, 128 S., 142 Farbfotos, 107 Farbzeichng., kartoniert. ●●

**Der Hobby-Imker**
(0978) Von Dr. R.F.A. Moritz, 144 S., 106 zweifarbige Zeichnungen, kart. ●●

**Geflügelhaltung als Hobby**
(0749) Von M. Baumeister, H. Meyer, 184 S., 8 Farbtafeln, 47 s/w-Fotos, 15 Zeichnungen, kart. ●●

**Vogelhäuschen, Nistkästen, Vogeltränken**
mit Plänen und Anleitungen zum Selbstbau. (0695) Von J. Zech, 32 S., 42 Farbfotos, 6 Zeichnungen, Pappband. ●

**Sittiche und kleine Papageien**
(0864) Von Dr. med. vet. E.M. Bartenschlager, 88 S., 84 Farbfotos, 9 Zeichnungen, kart. ●

Die Tiersprechstunde
**Artgerechte Vogelfütterung im Winter**
(0908) Von Dr. W. Keil, 64 S., 51 Farbfotos und Zeichnungen, kartoniert. ●

**Papageien und Sittiche**
Arten · Pflege · Sprechunterricht
(0591) Von H. Bielfeld, 112 S., 8 Farbtafeln, kart. ●

Falken-Handbuch **Süßwasser-Aquarium**
(4191) Von H. J. Mayland, 288 S., 564 Farbfotos, 75 Zeichnungen, Pappband. ●●●●

**Das Süßwasser-Aquarium**
Einrichtung · Pflege · Fische · Pflanzen
(0153) Von H. J. Mayland, 152 S., 16 Farbtafeln, 43 s/w-Zeichnungen, kart. ●●

Die Tiersprechstunde
**Gesunde Fische im Süßwasseraquarium**
(1013) Von H. J. Mayland, 96 S., 73 Farbfotos, 10 Zeichng., kartoniert. ●

**Tiere im Wassergarten**
(0808) Von Dr. med. vet. E.M. Bartenschlager, 96 S., 84 Farbf., 7 Zeichn., kart. ●

Die Tiersprechstunde
**Alles über Zwerg- und Goldhamster**
(1012) Von M. Mettler, 96 S., 96 Farbfotos, kartoniert. ●

**Alles über Meerschweinchen**
(0809) Von Dr. med. vet. E.M. Bartenschlager, 72 S., 43 Farbf., 11 Farbzeichn., kart. ●

**Alle über Igel in Natur und Haus**
(0810) Von Dr. med. vet. E.M. Bartenschlager, 68 S., 51 Farbfotos, kart. ●

Falken-Handbuch **Umweltschutz**
Das Öko-Testbuch zur Eigeninitiative.
(4160) Von M. Häfner, 352 S., 411 Farbf., 152 Farbzeichnungen, Pappband. ●●●●

**Vom Urkrümel zum Atompilz**
Evolution - Ursache und Ausweg aus der Krise. (4181) Von J. Voigt, 188 S., 20 Farb- und 70 s/w-Fotos, 32 Zeichnungen, kart. ●●

## Rat und Wissen

**Keinen Mann um jeden Preis**
Das neue Selbstverständnis der Frau in der Partnerbeziehung
(4440) Von Shere Hite, Kate Colleran, 208 S., Pappband. ●●●

**Haushaltstips von A bis Z**
(0759) Von A. Eder, 80 S., 30 Zeichn., kart. ●

**Umweltfreundliche Haushaltstips**
(1046) Von K. Winkell, 96 S., 36 Zeichnungen, kartoniert. ●

**Umgangsformen heute**
Die Empfehlungen des Fachausschusses für Umgangsformen (4015) 252 S., 108 s/w-Fotos, 17 Zeichnungen, Pappband. ●●●

**Benehmen bei Tisch**
(0988) Von I. Cording, 80 S., 90 Farbfotos, 5 s/w-Zeichnungen, kart. ●●

**Der gute Ton**
in Gesellschaft und Beruf
(0063) Von I. Wolter, 80 S., 42 s/w-Fotos, 7 Zeichnungen, kartoniert. ●

Videokassette
**Körpersprache**
verstehen und deuten
(6046) VHS, 60 Min., in Farbe, mit Begleitheft. ●●●●●*

**Bauernregeln, Bauernweisheiten, Bauernsprüche**
(4243) Von G. Haddenbach, 192 S., 62 Farbabb. 9 s/w-Fotos, 144 s/w-Zeichnungen, Pappband. ●●●

**Familienforschung · Ahnentafel · Wappenkunde**
Wege zur eigenen Familienchronik
(0744) Von P. Bahn, 128 S., 8 Farbtafeln, 30 Abbildungen, kart. ●●

**Wie soll es heißen?**
(0211) Von D. Köhr, 136 S., kart. ●

**Die Silberhochzeit**
Vorbereitung · Einladung · Geschenkvorschläge · Dekoration · Festablauf · Menüs · Reden · Glückwünsche. (0542) Von K.F. Merkle, 112 S., 41 Zeichnungen, kart. ●

**Wir feiern Hochzeit**
Phantasievolle und moderne Festgestaltung
(0943) Von H.J. Winkler, 112 S., kart. ●

**Wir heiraten**
Ratgeber zur Vorbereitung und Festgestaltung der Verlobung und Hochzeit. (4188) Von C. Poensgen, 216 S., 8 s/w-Fotos, 30 s/w-Zeichn., 8 Farbt., Pappband. ●●●

**Von der Verlobung zur Goldenen Hochzeit**
(0393) Von E. Ruge, 112 S., kart. ●

**Hochzeits- und Bierzeitungen**
Muster, Tips und Anregungen. (0288) Von H.-J. Winkler, mit vielen Text- und Gestaltungsanregungen, 116 S., 15 Abb., 1 Musterzeitung, kart. ●

**Neues Denken - alte Geister**
New Age unter der Lupe. (4278) Von G. Myrell, Dr. W. Schmandt, J. Voigt, 176 S., 54 Farbfotos, 3 Zeichnungen, kart. ●●

**Moderne Korrespondenz**
Handbuch für erfolgreiche Briefe
(4014) Von H. Kirst und W. Manekeller, 544 S., Pappband. ●●●●

**Der richtige Brief**
zu jedem Anlaß
Das moderne Handbuch mit 400 Musterbriefen
(4179) Von H. Kirst, 376 S., Pappband. ●●●

**Musterbriefe**
für alle Gelegenheiten. (0231) Hrsg. von O. Fuhrmann, 240 S., kart. ●●

**Privatbriefe**
Muster für alle Gelegenheiten. (0114) Von I. Wolter-Rosendorf, 112 S., kart. ●

**Der neue Briefsteller**
Musterbriefe für alle Gelegenheiten. (0060) Von I. Wolter-Rosendorf, 96 S., kart. ●

**Erfolgstips für den Schriftverkehr**
Briefgestaltung · Rechtschreibung · Zeichensetzung · Stil. (0678) Von U. Schoenwald, 112 S., kart. ●

**Geschäftliche Briefe**
des Privatmanns, Handwerkers, Kaufmanns
(0041) Von A. Römer, 124 S., kart.●

**Behördenkorrespondenz**
Musterbriefe · Anträge · Einsprüche
(0412) Von E. Ruge, 112 S., kart.●

**Worte und Briefe der Anteilnahme**
(0464) Von E. Ruge, 96 S., mit vielen Abb., kart. ●

**Briefe zu Geburt und Taufe**
Glückwünsche und Danksagungen. (0802) Von H. Beitz, 96 S., 12 Zeichnungen, kart. ●

**Briefe zum Geburtstag**
Glückwünsche und Danksagungen. (0822) Von H. Beitz, 104 S., 22 Zeichnungen, kart. ●

**Briefe der Liebe**
Anregungen für gefühlvolle und zärtliche Worte. (0903) Hrsg. von H. Beitz, 96 S., 4 Zeichnungen, kart. ●

**Briefe zur Hochzeit**
Glückwünsche und Danksagungen
(0852) Von R. Röngen, 96 S., 1 Zeichnung, 39 Vignetten, kart. ●

**Reden und Ansprachen**
für jeden Anlaß. (4009) Hrsg. von F. Sicker, 454 S., gebunden. ●●●●

**Die Kunst der freien Rede**
Ein Intensivkurs mit vielen Übungen, Beispielen und Lösungen.
(4189) Von G. Hirsch, 232 S., 11 Zeichnungen, Pappband. ●●●

**Die überzeugende Rede**
Mehr Erfolg durch bessere Rhetorik
(0076) Von K. Wolter, G. Kunz, 96 S., kart. ●

**Festreden und Vereinsreden**
Muster für alle Gelegenheiten
(0069) Von K. Lehnhoff, E. Ruge, 96 S., kart. ●

**Trinksprüche, Gästebuchverse, Richtsprüche**
(0224) Von D. Kellermann, 96 S., kart. ●

**Trinksprüche**
Fest- und Damenreden in Reimen
(0791) Von L. Metzner, 96 S., 14 s/w-Zeichnungen, kart. ●

**Glückwünsche, Toasts und Festreden zur Hochzeit**
(0264) Von I. Wolter, 112 S., 18 Zeichnungen, kart. ●

**Reden zur Taufe, Kommunion und Konfirmation**
(0751) Von G. Georg, 96 S., kart. ●

**Reden zur Hochzeit**
Musteransprachen für Hochzeitstage
(0654) Von G. Georg, 112 S., kart. ●

**Reden zu Familienfesten**
Muteransprachen für viele Gelegenheiten
(0675) Von G. Georg, 112 S., kart. ●

**Reden zum Geburtstag**
Musteransprachen für familiäre und offizielle Anlässe. (0773) Von G. Georg, 96 S., kart. ●

**Reden im Verein**
Musteransprachen für viele Gelegenheiten
(0703) Von G. Georg, 112 S., kart. ●

**Reden zum Jubiläum**
Musteransprachen für viele Gelegenheiten
(0595) Von G. Georg, 112 S., kart. ●

**Reden und Sprüche zu Grundsteinlegung, Richtfest und Einzug**
(0598) Von A. Bruder, G. Georg, 96 S., kart. ●

**Reden zum Ruhestand**
Musteransprachen zum Abschluß des Berufslebens (0790) Von G. Georg, 104 S., kart. ●

**Neue Glückwunschfibel**
für groß und klein. (0156) Von R. Christian-Hildebrandt, 96 S., 13 Vignetten, kart. ●

**Großes Buch der Glückwünsche**
(0255) Hrsg. von O. Fuhrmann, 176 S., 77 Zeichnungen und viele Gestaltungsvorschläge, kart. ●

**Herzliche Glückwünsche!**
Die schönsten Gedichte und Texte für viele Gelegenheiten. (0942) Hrsg. Von B.H. Bull, 256 S., 50 Zeichnungen, Pappband. ●●

**Der Verseschmied**
Kleiner Leitfaden für Hobbydichter. Mit Reimlexikon. (0597) Von T. Parisius, 96 S., 28 Zeichnungen, kart. ●

**Verse fürs Poesiealbum**
(0241) Von I. Wolter, 96 S., 20 Abb., kart. ●

Rosen, Tulpen, Nelken...
**Beliebte Verse fürs Poesiealbum**
(0431) Von W. Pröve, 96 S., 11 Faksimile-Abb., kart. ●

**Kindergedichte zur grünen, silbernen und goldenen Hochzeit**
(0318) Von H.-J. Winkler, 104 S., 20 Abb., kart. ●

**Glückwunschverse für Kinder**
(0277) Von B. Ulrici, 80 S., kart. ●

**Kindergedichte für Familienfeste**
(0860) Von B.H. Bull, 96 S., 20 Zeichnungen, kart. ●

**Kindergedichte rund ums Jahr**
(1040) Von A. Schweiggert, 80 S., 49 Zeichnungen, 6 Vignetten, kartoniert. ●

**Ins Gästebuch geschrieben**
(0576) Von K.H. Trabeck, 96 S., 24 Zeichnungen, kart. ●

**Die schönsten Wander- und Fahrtenlieder**
(0462) Hrsg. Von F.R. Miller, empfohlen vom Deutschen Sängerbund, 80 S., mit Noten und Zeichnungen, kart. ●

**Die schönsten Volkslieder**
(0432) Hrsg. Von D. Walther, 128 S., mit Noten und Zeichnungen, kart. ●

**Erziehungsgeld, Mutterschutz, Erziehungsurlaub**
Das neue Recht für Eltern
(0835) Von J. Grönert, 144 S., kart. ●

**Scheidung und Unterhalt**
nach dem neuen Eherecht. (0403) Von T. Drewes, 112 S., mit Kosten und Unterhaltstabellen, kart. ●

**Endlich 18 und nun?**
Rechte, Pflichten, Zukunfts-Chancen.
(0646) Von R. Rathgeber, 224 S., 27 Zeichnungen, kart. ●●

**Was heißt hier minderjährig?**
(0765) Von R. Rathgeber, C. Rummel, 148 S., 50 Fotos, 25 Zeichnungen, kart. ●●

**Testament und Erbschaft**
Erbfolge, Rechte und Pflichten der Erben, Erbschafts-und Schenkungssteuer, Mustertestamente. (4139) Von T. Drewes, R. Hollender, 304 S., Pappband. ●●●

**Erbrecht und Testament**
Mit Erläuterungen des Erbschaftssteuergesetzes von 1974. (0046) Von Dr. jur. H. Wandrey, 124 S., kart. ●

**Der letzte Wille**
Ratgeber für Erblasser, Erben und Hinterbliebene in Rechts-, Versorgungs- und Steuerfragen
(0939) Von T. Drewes, 136 S., 9 s/w-Zeichnungen, kart. ●●

**Mietrecht**
Leitfaden für Mieter und Vermieter
(0479) Von J. Beuthner, 196 S., kart. ●●

Präzise Ratschläge für **Ihre optimale Rente**
Vorbereitung · Berechnungsgrundlagen · Gesetzesänderungen · Individuelle Rechenbeispiele. (0806) Von K. Möcks, 96 S., 24 Formulare, 1 Graphik, kart. ●

**Das große farbige Kinderlexikon**
(4195) Von U. Kopp, 320 S., 493 Farbabb. 17 s/w-Fotos, Pappband. ●●●

ZDF
**Kompaß Jugend-Lexikon**
(4096) Von R. Kerler, J. Blum, 336 S., 766 Farbfotos, 39 s/w-Abb., Pbd. ●●●●

**Gitarre spielen**
Ein Grundkurs für den Selbstunterricht
(0534) Von A. Roßmann, 96 S., 1 Schallfolie, 150 Zeichnungen, kart. ●●●

**Maschinenschreiben für Kinder**
(0274) Von H. Kaus, 48 S., 17 farbige Abb., kart. ●

So lernt man leicht und schnell
**Maschinenschreiben**
Lehrbuch für Schulen, Lehrgänge und Selbstunterricht. (0568) Von M. Kempkes, 112 S., 48 Zeichnungen, kart. ●●

**Maschinenschreiben**
In 10 Tagen spielend gelernt. Von Unterichtsmedien Hoppius. (7008) Diskette für den C 64 und C 128 PC ●●●●* (7009) für IBM PC + kompatible, ●●●●●* (7010) für Schneider CPC 464, 664, 6128, ●●●●●*

**Maschinenschreiben im Selbstunterricht**
(0170) Von A. Fonfara, 88 S., kart. ●

**Buchführung leicht gemacht**
Ein methodischer Grundkurs für den Selbstunterricht. (4238) Von D. Machenheimer, R. Kersten, 252 S., Pappband. ●●●

**Buchführung leicht gefaßt**
Für Handwerker, Gewerbetreibende und freiberuflich Tätige. (0127) Von R. Pohl. 104 S., kart. ●

**Stenografie leicht gelernt**
im Kursus oder Selbstunterricht
(0266) Von H. Kaus, 64 S., kart. ●

**Erfolgreiche Bewerbung um einen Ausbildungsplatz**
(0715) Von H. Friedrich, 128 S., kart. ●

**Bewerbungsstrategien**
Erfolgreiche Konzepte für Karrierebewußte
(1027) Von Dr. W. Reichel, 128 S., kartoniert. ●●

**Die Bewerbung**
Der moderne Ratgeber für Bewerbungsbriefe, Lebenslauf und Vorstellungsgespräche. (4138) Von W. Manekeller, 264 S., Pappband. ●●

**Lebenslauf und Bewerbung**
Beispiele für Inhalt, Form und Aufbau
(0428) Von H. Friedrich, 112 S., kart. ●

**Die erfolgreiche Bewerbung**
Bewerbung und Vorstellung. (0173) Von W. Manekeller, 144 S., kart. ●●

**Erfolgreiche Bewerbungsbriefe und Bewerbungsformen**
(0138) Von W. Manekeller, U. Schoenwald, 88 S., kart. ●

Die Handschrift als Spiegel des Charakters
**Graphologie**
(1025) Von Dr. W. Busch, 104 S., 87 Schriftproben, kartoniert. ●

**Vorstellungsgespräche**
sicher und erfolgreich führen. (0636) Von H. Friedrich, 144 S., kart. ●

**Das erfolgreiche Vorstellungs Gespräch**
(6047) Von H. Friedrich, VHS, 60 Min., in Farbe, mit Begleitbroschüre. ●●●●●*

**Keine Angst vor Einstellungstests**
Ein Ratgeber für Bewerber. (0793) Von Ch. Titze. 120 S., 67 Zeichnungen, kart. ●

FALKEN-Software
**Einstellungstests**
(7013) Von B. Hoppius, Wendediskette für C 64/C 128 PC, mit Begleitheft, ●●●●*

**Die ersten Tage am neuen Arbeitsplatz**
Ratschläge für den richtigen Umgang mit Kollegen und Vorgesetzten
(0855) Von H. Friedrich, 104 S., kart. ●

**Zeugnisse im Beruf**
richtig schreiben, richtig verstehen
(0544) Von H. Friedrich, 112 S., kart. ●

**Erfolgreiche Kaufmannspraxis**
Wirtschaftliche Grundlagen, Geld, Kreditwesen, Steuern, Betriebsführung, Recht, EDV. (4046) Von W. Göhler, H. Gölz, M. Heibel, Dr. D. Machenheimer, 544 S., gebunden. ●●●●

**So werde ich erfolgreich**
Ratschläge und Tips für Beruf und Privatleben. (0918) Von H. Hans, 104 S., kart. ●●

**Wege zum Börsenerfolg**
Aktien · Anleihen · Optionen
(4275) Von H. Krause, 252 S., 4 s/w-Fotos, 86 Zeichnungen, Pappband. ●●●

FALKEN-Software
**Börsenfieber**
Spielend spekulieren mit Geld und Aktien
(7016) IBM PC und Kompatible, Diskette 5 1/4'', mit Begleitheft, ●●●●●*

**Konvertierungen:**
(7026) für C 64/C 128 PC, mit Begleitheft
(7027) für Atari ST 520/1040, mit Begleitheft
(7028) für Amiga, mit Begleitheft

**Schülerlexikon der Mathematik**
Formeln, Übungen und Begriffserklärungen für die Klassen 5–10. (0430) Von R. Müller, 176 S., 96 Zeichnungen, kart. ●

**Mathematik verständlich**
Zahlenbereiche Mengenlehre, Algebra, Geometrie, Wahrscheinlichkeitsrechnung, Kaufmännisches Rechnen. (4135) Von R. Müller, 652 S., 10 s/w- und 109 Farbfotos, 802 farbige und 79 s/w-Zeichnungen, über 2500 Beispiele und Übungen mit Lösungen, Pappband. ●●●●●

Mehr Erfolg in der Schule
**Mathematik 1**
Arithmetik und Algebra
Übungen, Beispiele und Lösungen für die Klasse 5 bis 10
(4420) Von R. Müller-Fonfara, 256 S., 193 Zeichn., 2 s/w-Fotos, Pappband. ●●●

**Mathematische Formeln für Schule und Beruf**
Mit Beispielen und Erklärungen. (0499) Von R. Müller-Fonfara, 156 S., 210 Zeichnungen, kart. ●

**Rechnen aufgefrischt**
für Schule und Beruf. (0100) Von H. Rausch, 144 S., kart. ●

**Physik verständlich**
Förderkurs für die Klassen 7 bis 10 (0926) Von Dr. Th. Neubert, 136 S., 146 s/w-Zeichnungen, 166 Aufgaben, kart. ●●

**Richtige Groß- und Kleinschreibung**
durch neue, vereinfachte Regeln. Erläuterungen der Zweifelsfragen anhand vieler Beispiele. (0897) Von Prof. Dr. Ch. Stetter, 96 S., kart. ●

**Deutsche Grammatik**
Ein Lern- und Übungsbuch. (0704) Von K. Schreiner, 112 S., kart. ●

Mehr Erfolg in der Schule
**Deutsche Rechtschreibung und Grammatik**
Übungen und Beispiele für die Klassen 5–10. (4407) Von K. Schreiner, 256 S., durchgehend zweifarbig, Pappband. ●●●

**Richtiges Deutsch**
Rechtschreibung · Zeichensetzung · Grammatik · Stilkunde. (0551) Von K. Schreiner, 128 S., 7 Zeichnungen, kart. ●

Mehr Erfolg in der Schule
**Der Deutschaufsatz**
Übungen und Beispiele für die Klassen 5–10. (4271) Von K. Schreiner, 240 S., 4 s/w-Fotos, 51 Zeichnungen, Pappband. ●●●

**Aufsätze besser schreiben**
Förderkurs für die Klassen 4–10. (0429) Von K. Schreiner, 144 S., 4 s/w-Fotos, 27 Zeichnungen, kart. ●●

Mehr Erfolg in Schule und Beruf
**Besseres Deutsch**
Mit Übungen und Beispielen für Rechtschreibung, Diktate, Zeichensetzung, Aufsätze, Grammatik, Literaturbetrachtung, Stil, Briefe, Fremdwörter, Reden. (4115) Von K. Schreiner, 444 S., 7 s/w-Fotos, 27 Zeichnungen, Pappband. ●●●

**Richtige Zeichensetzung**
durch neue, vereinfachte Regeln. Erläuterungen der Zweifelsfragen anhand vieler Beispiele. (0744) Von Prof. Dr. Ch. Stetter, 160 S., kart. ●

**Diktate besser schreiben**
Übungen zur Rechtschreibung für die Klasse 4–8. (0469) Von K. Schreiner, 152 S., 31 Zeichnungen, kart. ●

**Besseres Englisch**
Grammatik und Übungen für die Klassen 5 bis 10. (0745) Von E. Henrichs, 144 S., kart. ●●

Mehr Erfolg in der Schule
**Englische Grammatik**
Regeln und Übungen für die Klassen 5 bis 13 (4431) Von E. Heinrichs-Kleinen, 256 S., durchgehend zweifarbig, Pappband. ●●●

FALKEN-Software
**The Grammar-Master**
Englische Grammatik üben und beherrschen (7002) Diskette für den C 64/C 128 PC ●●●●*

FALKEN-Software
**Take a Trip to Britain**
(7004) Von reLine, Diskette für C 64/C 128 PC, mit Begleitheft. ●●●●*

FALKEN-Software
**Vokabeltrainer Englisch**
Von B. Hoppius. (7001) 2 Disketten für C 64/C 128 PC, mit Begleitheft. ●●●●●*
(7007) Wendediskette für Atari ST 520/1040, mit Begleitheft. ●●●●●*

Falken-Software
**Vokabel Trainer Französisch**
Über 2000 Vokabeln und Redewendungen (7018) Systemdiskette u. Wendediskette für C 64/C 128 PC, mit Begleitheft,
(7019) Diskette für IBM-PC und Komp., mit Begleitheft. ●●●●●

Falken-Software
**Vokabel Trainer Latein**
(7022) Von B. Hoppius, Wendediskette für C 64/C 128 PC, mit Begleitheft. ●●●●●

**Schnell und sicher zum Führerschein**
Tips und Tricks aus 30jähriger-Fahrschul-Praxis. (0921) Von O. Einert, 152 S., 156 Farbfotos, 161 z.T. farb. Zeichnungen, kart. ●●

FALKEN-Software
**Schnell und sicher zum Führerschein**
Intensivtraining mit dem amtlichen Fragenkatalog
(7011) Diskette für C 64/C 128 PC, mit Begleitheft und Fragenkatalog. ●●●●●*

Videokassette
**Gesund durch Gedankenenergie**
Heilung im gemeinsamen Kraftfeld (6035) VHS, 45 Min., in Farbe ●●●●●*

Die neue Lebenshilfe **Biorhythmik**
Höhen und Tiefen der persönlichen Lebenskurven vorausberechnen und danach handeln. (0458) Von W. A. Appel, 157 S., 63 Zeichnungen, Pappband. ●●

**Die neuen Erkenntnisse zum Biorhythmus**
Individuelle Rhythmogramme für Berufserfolg und Gesundheit, Partnerschaft und Freizeit, Beilage: Tagesformplaner.
(4276) Von H. Bott, 144 S., 35 s/w-Zeichnungen, Pappband. ●●●

**So deutet man Träume**
Die Bildersprache des Unbewußten. (0444) Von G. Haddenbach, 120 S., kart. ●

Wie Sie im Schlaf das Leben meistern
**Schöpferisch träumen**
Der Klartraum als Lebenshilfe
(4258) Von Prof. D. P. Tholey, K. Utecht. 280 S., 1 s/w-Foto, 20 Zeichn., Pbd. ●●●

**Frauenträume – Männerträume**
und ihre Bedeutung (4198) Von G. Senger, 272 S., mit Traumlexikon, Pappband. ●●●

Falken-Handbuch **Astrologie**
Charakterkunde · Schicksal · Liebe und Beruf · Berechnung und Deutung von Horoskopen · Aszendenttabelle. (4068) Von B.A. Mertz, 342 S., mit 60 erläuternden Grafiken, Pappband. ●●●

**Die Magie der Zahlen**
So nutzen Sie die Geheimnisse der Numerologie für ihr persönliches Glück mit dem völlig neuen Planetennumeroskop
(4242) Von B.A. Mertz, 224 S., 36 Abbildungen, Pappband. ●●●

**Wahrsagen mit Tarot-Karten**
(0482) Von E.J. Nigg, 112 S., 4 Farbtafeln, 52 s/w-Abb., Pappband. ●

Falken-Handbuch **Kartenlegen**
Wahrsagen mit Tarot-, Skat-, Lenormand- und Zigeunerblättern.
(4226) Von B.A. Mertz, 288 S., 38 Farb- und 108 s/w-Abb. Pappband. ●●●●

**Weissagen, Hellsehen, Kartenlegen ...**
Wie jeder die geheimen Kräfte ergründen und für sich nutzen kann. (4153) Von G. Haddenbach, 192 S., 40 Zeichnungen, Pappband. ●●

**Wahrsagen**
mit Karten
Die Zukunft in Liebe, Beruf und Finanzen (0404) Von R. Koch, 80 S., 252 Abb., Pappband. ●

**Was sagt uns das Horoskop?**
Praktische Einführung in die Astrologie. (0655) Von B.A. Mertz, 176 S., 25 Zeichnungen, kart. ●

Die 12 Tierzeichen
**Chinesisches Horoskop**
(0423) Von G. Haddenbach, 128 S., Pappb. ●

**Aztekenhoroskop**
Deutung von Liebe und Schicksal nach dem Aztekenkalender. (0543) Von C.-M. und R. Kerler, 160 S., 20 Zeichnungen, Pappband. ●

**Das Super-Horoskop**
Der neue Weg zur Deutung von Charkter, Liebe und Schicksal nach chinesischer und abendländischer Astrologie. (0465) Von G. Haddenbach, 175 S., kart. ●

**Die 12 Sternzeichen**
Charakter, Liebe und Schicksal. (0385) Von G. Haddenbach, 120 S., Pappband. ●●

**Partnerschaftshoroskop**
Glück und Harmonie mit Ihrem Traumpartner. (0587) Von G. Haddenbach, 112 S., 11 Zeichnungen, kart. ●

**Sternstunden**
für Liebe, Glück und Geld, Berufserfolg und Gesundheit. Das ganz persönliche Mitbringsel für **Widder** (0621), **Stier** (0622), **Zwillinge** (0623), **Krebs** (0624), **Löwe** (0625), **Jungfrau** (0626), **Waage** (0627), **Skorpion** (0628), **Schütze** (0629), **Steinbock** (0630), **Wassermann** (0631), **Fische** (0632) Von L. Cancer, 62 S., durchgehend farbig, Zeichnungen, Pappband. ●

**Im Zeichen der Sterne**
(0951) Der feurige Widder
(0952) Der willensstarke Stier
(0953) Die vielseitigen Zwillinge
(0954) Der feinfühlige Krebs
(0955) Der königliche Löwe
(0956) Die zuverlässige Jungfrau
(0957) Die charmante Waage
(0958) Der leidenschaftliche Skorpion
(0959) Der temperamentvolle Schütze
(0960) Der treue Steinbock
(0961) Der selbstbewußte Wassermann
(0962) Die romantischen Fische
Von G. Haddenbach, 64 S., 35 Farbfotos, Pappband. ●

## Humor und Unterhaltung

**Heitere Vorträge**
(0528) Von E. Müller, 128 S., 14 Zeichnungen, kart. ●

**Die große Lachparade**
Neue Texte für heitere Vorträge und Ansagen. (0188) Von E. Müller, 80 S., kart. ●

**So feiert man Feste fröhlicher**
Heitere Vorträge und Gedichte
(0098) Von Dr. Allos, 96 S., 15 Abb., kart. ●

**Heitere Vorträge und witzige Reden**
Lachen, Witz und gute Laune
(0149) Von E. Müller, 104 S., 44 Abb., kart. ●

**Vergnügliches Vortragsbuch**
(0091) Von J. Plaut, 192 S., kart. ●

**Lustige Vorträge für fröhliche Feiern**
(0284) Von K. Lehnhoff, 96 S., kart. ●

**Da lacht das Publikum**
Neue lustige Vorträge für viele Gelegenheiten. (0716) Von H. Schmalenbach, 96 S., kart. ●

**Und wieder lacht das Publikum**
Neue Vorträge und Sketche
(0982) Von H. Schmalenbach, 112 S., kart. ●

**Humor und Stimmung**
Ein heiteres Vortragsbuch
(0460) Von G. Wagner, 112 S., kart. ●

**Gereimte Vorträge**
für Bühne und Bütt. (0567) Von G. Wagner, 96 S., kart. ●

**Narren in der Bütt**
Leckerbissen aus dem rheinischen Karneval
(0216) Zusammengestellt von T. Lücker, 112 S., kart. ●

**Damen in der Bütt**
Scherze, Büttenreden, Sketche
(0354) Von T. Müller, 136 S., kart. ●

**Rings um den Karneval**
Karnevalsscherze und Büttenreden
(0130) Von Dr. Allos, 144 S., 2 Zeichnungen, kart. ●●

**Wir feiern Karneval**
Festgestaltung und Reden für die närrische Zeit. (0904) Von M. Zweigler, 120 S., 7 Zeichnungen, kart. ●

**Helau und Allaf 1**
Närrisches aus der Bütt
(0304) Von E. Müller, 112 S., 4 Zeichnungen, kart. ●

**Helau und Allaf 2**
Neue Büttenreden für Sie und Ihn
(0477) Von E. Luft, 96 S., kart. ●

**Helau und Allaf 3**
Neue Reden für die Bütt. (0832) Von H. Fauser, 112 S., 13 Zeichnungen, kart. ●

**Helau und Alaaf 4**
Neue Büttenreden für Sie und Ihn
(0983) Hrsg. H. Fauser, 96 S., 15 s/w-Zeichn., zahlreiche Vignetten, kart. ●

**Locker vom Hocker**
Witzige Sketche zum Nachspielen
(4262) Von W. Giller, 144 S., 41 Zeichnungen, Pappband. ●●

**Sketche und Blackouts zum Nachspielen**
(0941) Von E. Cohrs, 112 S., 12 Zeichnungen, kart. ●

**Sketche und spielbare Witze**
für bunte Abende und andere Feste.
(0445) Von H. Friedrich, 112 S., 7 Zeichnungen, kart. ●

**Sketche**
Kurzspiele zu amüsanter Unterhaltung.
(0247) Von M. Gering, 132 S., 16 Abb., kart., ●

**Vorhang auf!**
Neue Sketche für jung und alt.
(0898) Von H. Pillau, 96 S., 22 Zeichnungen, kart. ●

**Fidele Sketche und heitere Vorträge**
Humor zum Nachspielen. (0157) Von H. Ehnle. 96 S., kart. ●

**Witzige Sketche zum Nachspielen**
(0511) Von D. Hallervorden, 112 S., kart. ●●

**Tolle Sketche**
mit zündenden Pointen – zum Nachspielen.
(0656) Von E. Cohrs, 112 S., kart. ●

**Vergnügliche Sketche**
(0476) Von H. Pillau, 96 S., 7 Zeichn., kart. ●

**Lustige Sketche**
Kurze Theaterstücke für Jungen und Mädchen
(0669) Von U. Lietz, U. Lange, 96 S., kart. ●

**Spielbare Witze für Kinder**
(0824) Von H. Schmalenbach, 112 S., 30 Zeichnungen, kart. ●

**Phantasievolles Schminken**
Verzauberte Gesichter für Maskeraden, Laienspiel und Kinderfeste. (0907) Hrsg. Von Y. u. H. Nadolny, 64 S., 227 Farbf., kart. ●●

**Das große Hausbuch des Humors**
(4421) Hrsg. Von E. Heinold, R. Kempowski, 512 S., 286 Abbildungen, Pappband. ●●●

**Witze**
Lachen am laufenden Band (4241) Von J. Burkert, D. Kroppach; 400 S., 41 Zeichnungen, Pappband. ●●

**Die besten Witze und Cartoons des Jahres 5**
(0642) Hrsg. Von K. Hartmann, 288 S., 88 Zeichnungen, Pappband. ●●

**Die besten Witze und Cartoons des Jahres 6**
(0916) Hrsg. Von D. Kroppach, 288 S., 84 Zeichnungen, Pappband. ●●

**Die besten Witze und Cartoons des Jahres 7**
(0986) Von V.K. Stranimaier, L. Spangler, 288 S., 93 Cartoons, Pappband. ●●

**Die besten Kalauer**
(0705) Von K. Frank, 112 S., 12 Zeichnungen, kart. ●

**Fred Metzlers Witze mit Pfiff**
(0368) Von F. Metzler, 104 S., kart. ●

**Die besten Beamtenwitze**
(0574) Von W. Pröve, 80 S., 39 Zeichnungen, kart. ●

Horror zum Totlachen
**Gruselwitze**
(0536) Von F. Lautenschläger, 96 S., 44 Zeichnungen, kart. ●

**Herrenwitze**
(0589) Von G. Wilhelm, 112 S., 31 Zeichnungen, kart. ●

**O frivol ist mir am Abend**
Pikante Witze von Fred Metzler. (0388) Von F. Metzler, 128 S., mit Karikaturen, kart. ●

**Fips Asmussens Witze**
am laufenden Band
(0461) 96 S., kart. ●

**Die besten Ostfriesenwitze**
(0495) Von O. Freese, 80 S., 15 Zeichnungen, kart. ●

**Spaßvögel**
Über sexhundert komische Nummern
(0888) Von E. Zeller, mit Limericks Von W. Müller, 220 S., 200 Vignetten, kart. ●

**Total bescheuert**
Kinder- und Schülerwitze
(0889) Von G. Geßner und E. Zeller, 220 S., 200 Vignetten, kart. ●

**Heller Wahnwitz**
(0887) Von D. Kroppach, 220 S., 200 Vignetten, kart. ●

**Die Kleidermotte ernährt sich von nichts, sie frißt nur Löcher**
Stilblüten, Sprüche und Widersprüche aus Schule, Zeitung, Rundfunk und Fernsehen.
(0738) Von P. Haas, D. Kroppach, 112 S., zahlreiche Abb. kart. ●

**Witzig, witzig**
(0507) Von E. Müller, 128 S., 16 Zeichnungen, kart. ●

**Die besten Kinderwitze**
(0757) Von K. Rank, 112 S., 28 Zeichnungen, kart. ●

**Ich lach mich kaputt! Die besten Kinderwitze**
(0545) Von E. Hannemann, 96 S., 10 Zeichnungen, kart. ●

**Lach mit!**
Witze für Kinder, gesammelt von Kindern.
(0468) Von W. Pröve, 96 S., 17 Zeichnungen, kart. ●

**Die besten Kurzgeschichten von Mark Twain**
(4458) Ausgewählt von D. Zimmer, 128 S., Pappband. ●

**Kritik des Herzens**
**Heiter-besinnliche Verse von Wilhelm Busch**
(4459) Herausgegeben von D. Zimmer, 96 S., Pappband. ●

**Die schönsten Galgenlieder von Christian Morgenstern**
(4460) Ausgewählt von D. Zimmer, 128 S., Pappband. ●

**Ein Mensch…**
**und andere heitere Verse von Eugen Roth**
(4461) Ausgewählt von D. Zimmer, 128 S., Pappband. ●

**Scherz und Satire von Roda Roda**
(4462) Ausgewählt von D. Zimmer, 112 S., Pappband. ●

Beliebte Autoren des 19. Jahrhunderts
**Englischer Humor**
(4463) Ausgewählt von D. Zimmer, 112 S., Pappband. ●

# Spiele und Denksport

**Familien- und Gesellschaftsspiele mit Karten**
(2001) Von C.D. Grupp, 144 S., kart. ●

**Neues Buch der siebzehn und vier Kartenspiele**
(0095) Von K. Lichtwitz, 96 S., kart. ●

**Alles über Pokern**
Regeln und Tricks. (2024) Von C.D. Grupp, 112 S., 29 Kartenbilder, kart. ●

**Rommé und Canasta**
in allen Variationen. (2025) Von C.D. Grupp, 88 S., 24 Zeichnungen, kart. ●

**Schafkopf, Doppelkopf,** Binokel, Cego, Tarock und andere Stammtischspiele.
(2015) Von C.D. Grupp, 112 S., kart. ●

**Black Jack**
Regeln und Strategien des Kasinospiels.
(2032) Von K. Kelbratowski, 88 S., kart. ●

**Das Skatspiel**
Eine Fibel für Anfänger. (0206) Von K. Lehnhoff, 96 S., kart. ●

**Spielend Skat lernen**
unter freundlicher Mitarbeit des Deutschen Skatverbandes. (2005) Von Th. Krüger, 120 S., 181 s/w-Fotos, 22 Zeichn., kart. ●

Falken-Handbuch **Patiencen**
Die 111 interessantesten Auslagen
(4151) Von U.v.Lyncker, 216 S., 108 Abbildungen, Pappband. ●●●

**Patiencen**
in Wort und Bild. (2003) Von I. Wolter-Rosendorf, 120 S., kart. ●

**Neue Patiencen**
(2036) Von H. Sosna, 160 S., 43 Farbtafeln, kart. ●●

**Herausforderung im Bridge**
200 Aufgaben mit Lösungen
(2033) Von V. Mollo, 152 S., kart. ●●